中国科普创作大奖得主松鹰倾情奉献

☆ 科学巨人的故事

KEXUE JUREN DE GUSHI MOERSI BEIER BEIERDE

莫尔斯 贝尔 贝尔德

■ 松 鹰 著

希望出版社

图书在版编目（CIP）数据

莫尔斯、贝尔、贝尔德 / 松鹰著. -- 太原：希望出版社，
2014.8（2019.9重印）
（科学巨人的故事）
ISBN 978-7-5379-7079-2

Ⅰ．①莫… Ⅱ．①松… Ⅲ．①莫尔斯,B.F.S.（1791~
1872)–生平事迹–青少年读物 ②贝尔,A.G.(1847~1922)–生
平事迹–青少年读物 ③贝尔德,J.(1888~1946)–生平事迹–青
少年读物 Ⅳ．①K837.126.16–49 ②K835.656.16–49

中国版本图书馆 CIP 数据核字（2014）第 153896 号

科学巨人的故事
莫尔斯　贝尔　贝尔德
松　鹰　著

责任编辑	谢琛香
美术编辑	白　翎
复　审	武志娟
终　审	杨建云
装帧设计	柏学玲　贾支荣
责任印制	刘一新

出　　版：希望出版社　　　　　地　　址：山西省太原市建设南路 21 号
开　　本：787mm×1092mm　1/16　　印　　刷：保定市铭泰达印刷有限公司
印　　张：10　200 千字　　　　　版　　次：2014 年 8 月第 1 版
标准书号：ISBN 978-7-5379-7079-2　印　　次：2019 年 9 月第 5 次印刷
定　　价：25.00 元

编辑热线　0351-4922240
发行热线　0351-4123120　4156603

印刷热线　0358-7641044

MOERSI

　　莫尔斯是美国画家兼电报发明家。1832 年，在一艘名叫"萨丽号"的邮船上，莫尔斯被一个电磁铁的科普演讲所打动，毅然改行投身于电学研究。他冒着失败的风险，在崎岖不平的道路上努力前行，历尽艰辛，屡遭挫折。在试制电报机的过程中，莫尔斯节衣缩食，生活极其困苦，但他始终没有放弃。坚持不懈的努力和友人的帮助，使莫尔斯终于获得成功。1844 年 5 月 24 日，他在华盛顿和巴尔的摩之间拍发了人类历史上的第一封电报："上帝创造了何等的奇迹！"

BEIER

　　贝尔是著名的电话发明家、聋哑儿童教育家。贝尔出生于语音世家，因此对人类的语音研究有着得天独厚的优势。在实验中，他受到簧片震颤声会沿着导线从一个房间传到另一个房间的启发，确信人的声音也能够通过电线传递。电话由此诞生了。它很快遍及美国，传遍全世界，对现代文明产生了深远的影响。除了电话，贝尔还发明了金属探测仪、载人滑翔飞机、水翼船、空调系统，改良了留声机，并提出光通信的构想。但他最有名的发明还是电话，所以被誉为"电话之父"。

BEIERDE

贝尔德是苏格兰工程师和发明家、电视的发明人。他从小富有幻想,好摆弄机械。上小学时,他就养成了创造发明的习惯。大学毕业后成为电气工程师,他胸怀鸿鹄之志,心中充满了对电视的梦想。为了谋生和筹集研制经费,贝尔德卖过袜子,推销过蜂蜜,还搞过肥皂制造。可惜他是一个蹩脚的商人,厄运一直伴随着他。但他锲而不舍,最后终于获得成功——他发明的机械扫描电视机,揭开了人类电视广播的序幕。

上帝创造了何等的奇迹！

——1844 年 5 月 24 日世界上第一封电报的电文

近代史上没有哪个日子能与电报的发明带来的划时代影响相比拟。

——奥地利作家茨威格

当人们得知电话会说话，而且说得几乎和人的嘴巴一样好，即使隔着一段距离，仍然能传出可辨的说话声，它的名声就像野火一样传开了。

——1876 年荷兰《自然》杂志

贝尔德是发明电视的第一人。他首次把人的图像以光和电的形式横跨大洋送到美国观众眼前，他的成就堪与马可尼横跨大西洋传送字母'S'相比肩。

——《纽约时报》

世界因他们而精彩

这套《科学巨人的故事》(第二辑)总共 10 本,撰写了 14 位科学巨人的传记故事。他们是居里夫人、诺贝尔、瓦特、斯蒂芬孙、富尔顿、福特、莱特兄弟、麦克斯韦、马可尼、莫尔斯、贝尔、贝尔德和爱迪生。

居里夫人,这位伟大女性发现的镭为癌症患者带来了福音,拯救了无数人的生命。她以自己的勤奋和天赋,在物理学、化学两个领域作出了杰出贡献,成为第一个获得两次诺贝尔奖的人。诺贝尔,这位瑞典化学家、诺贝尔奖的创立者,他一生钟情炸药,却厌恶战争,憧憬和平。他创立的诺贝尔奖,成为全世界科学精英们追求的梦想。

瓦特,这个英国工匠的儿子,他发明的蒸汽机带动了工业革命,使人类的生活和世界文明完全改观。"它(蒸汽机)武装了人类,使人虚弱无力的双手变得力大无穷。"在瓦特蒸汽机的带动下,矿工出身的斯蒂芬孙发明了火车,开辟了全球铁路运输事业;自学成才的工程师富尔顿,造出了世界上第一艘蒸汽机轮船,为世界航海事业作出重大贡献。福特,这个农民出身的汽车大王,他的 T 型汽车创造了一个时代的奇迹,正是他"为世界装上了轮子",使汽车从奢侈品变成大众化的交通工具。莱特兄弟,这两个想征服蓝天的美国大男孩,历尽挫折,亲密合作,最终实现了人类飞行的梦想。

因为他们,人类可以乘着火车、汽车、轮船和飞机,在陆地上奔驰,在海洋里畅游,在天空中翱翔。人类的生活变得便捷了。

麦克斯韦,这位可与牛顿、爱因斯坦齐名的英国物理学大师,他创立的电磁理论,天才地预见了电磁波,为后来无线电的诞生和发展开辟了道路,被誉为"电波之父"。我们今天生活在电波世界中,电视、广播、无线电通信、导航、遥控、遥测、雷达等现代新技术,都受惠于他的贡献。意大利青年马可尼,后来居上,成功地实现了用电波传递信息,成为举世闻名的无线电发明家。

莫尔斯,这位美国画家 41 岁时因受科普演讲的鼓舞,半路改行研究电报,后来竟创造奇迹,获得成功。他的发明,揭开了人类通信史上的崭新一页。有意思的是,追寻着他的足迹,苏格兰青年贝尔发明了电话,使人类"顺风耳"的梦想成真;另一个苏格兰青年贝尔德,发明了电视,让"千里眼"也变成现实。和贝尔同岁的爱迪生,这位家喻户晓的发明大王,他的留声机、电灯、蓄电池、电影放映机等上千项发明,为我们留下了宝贵的财富,也正是他的发明,让光明常驻人间。

这 14 位科学巨人的成才道路和创业经历,坎坷曲折,多姿多彩。他们的高尚品格和精神风貌,能给人许多启迪。如贝尔发明的电话改变了世界,但他却从不以电话发明家自居,一生致力于聋哑儿童的教育。莫尔斯、马可尼、贝尔德都是业余电子爱好者,但是他们敢想敢干,善于吸取前人的经验,最后脱颖而出,摘取了发明的桂冠。爱迪生一生从未停止过发明。他的座右铭是:"我探求人类需要什么,然后我就迈步向前,努力去把它发明出来。"居里夫人热爱祖国,一生淡泊名利,倾其毕生精力从事放射性研究,并为此献出了宝贵的生命……

我们重温他们的故事,倍感亲切,深受鼓舞。他们那种为人类造福的理想,那种敢于创新的精神,那种不怕失败、百折不挠的毅力,将永远激励后人。

可以想象,如果没有他们发明的火车、轮船、汽车、飞机和电灯、电报、电话、无线电、电视,世界将不再精彩。

让我们向这些科学巨人们致敬!

2014 年 2 月 18 日于成都兀岭书房

目 录

■ KEXUE JUREN DE GUSHI

莫尔斯

MULU

贝 尔

贝尔德

要说电为人类服务，电报算是最早的了。电报是改变人类文明的伟大发明之一。在电话普及之前，它肩负着世界交流的重大使命。人类通过电报第一次可以快捷、方便、高效地远距离传递信息。有趣的是，发明电报的人不是物理学家，也不是工程师，而是一位美国画家，他的名字叫塞缪尔·莫尔斯。一个搞美术的，竟成为有线电通信的开创者，这好像有些不可思议。说起来，其中还有一段故事呢！

莫尔斯　贝尔　贝尔德

KEXUE JUREN DE GUSHI

画家的梦想

☆ 在"萨丽号"上

zaisalihaoshang

1832年10月1日，一艘名叫"萨丽号"的邮船满载旅客和邮件，从法国北部的勒阿弗尔港启碇，驶向纽约。"萨丽号"邮船缓缓驶出塞纳湾，进入英吉利海峡。途中，邮船遇到了风暴的袭击，在大浪中颠簸不已。许多人都晕船，乘坐这艘船的美国著名画家莫尔斯，也觉得浑身难受。

"遇到风浪时，有没有办法可以不晕船？"莫尔斯问船长。

"没有办法！"船长说，"刚上船时，百分之九十五的乘客都会晕船，我见得多了，过一段时间就能适应了。"

"我看水手们好像都不晕船。"莫尔斯说。

"那是锻炼出来的。"船长笑起来，"大约有百分之二三的人从来都不会晕船，还有百分之二三的人却永远无法适应。"

"恐怕这两个'百分之二三'都不包括我。"莫尔斯俏皮地说。听了船长的一席话，他感觉似乎好受一些了。

莫尔斯并不知道，在这同一时间，23岁的英国小伙子达尔文正乘着"贝格尔号"舰沿着南美洲东海岸考察。刚上舰时，达尔文也是严重晕船，胃里翻江倒海，呕吐不止。他强忍着痛苦，干一会儿活，就对同伴说："老伙计，我必须躺下了。"饿了他只能吃块饼干和几粒葡萄干。但是这次乘"贝格尔号"舰航行的经历改变了达尔文的一生，使他后来写成了石破天惊的《物种起源》，创立了"进化论"学说，改变了人类对世界的看法。

莫尔斯这次乘坐"萨丽号"邮船的航行，意义堪与达尔文的环球旅行相比，同样改变了他的人生轨迹。就在这次旅途中，莫尔斯结识了查尔斯·杰克逊。

杰克逊是一位充满活力的美国年轻医生，他的一场关于电磁感应的科普演说，让画家莫尔斯大开了眼界。

"萨丽号"邮船驶入浩瀚的大西洋后，天气好转起来。邮船破浪前进，船尾上空海鸥在追逐飞翔。这种远航大多是枯燥乏味的。旅客们或是聊天、下棋，或是在甲板上眺望无边的大海，以消磨时光。第二天傍晚，旅客们正在餐厅里准备进餐，忽然被一个年轻旅客的演说吸引住了。这位青年戴着一副细框眼镜，模样很斯文，但演说起来却滔滔不绝，颇具雄辩家的口才。他的名字叫查尔斯·杰克逊，刚从欧洲留学回来，准备回波士顿开业行医。他所学的专业虽然是医学，但是对电学研究却有着浓厚的兴趣。一年前，英国大科学家法拉第发现了电磁感应，接着美国科学家亨利发明了电磁铁，人们对电磁现象都觉得新奇。

杰克逊在餐桌上向大家展示了电磁铁的新装置。这是一个上面绕着绝缘铜线的马蹄形铁块，看上去黑乎乎的。当铜线接上电池通电的时候，马蹄形铁块就产生了磁性，能把不锈钢勺子牢牢地吸住。

杰克逊用孩子般的热情滔滔不绝地解说着。

"先生们！"他说，"请记住，我们快要利用一种无限的力量了。最近有实验表明，绕在铁芯周围的导线越多，磁铁的吸力就越强。有人已经证明，电能够神速地通过一段导线，不管这段导线有多长。科学就要创造出改变我们生活的电的奇迹啦！"

杰克逊的话不时被打断，餐厅里响起一阵欢呼和热烈的议论，人们都被这种神奇的幻想陶醉了。最后，演说家被大家抬了起来。谁也没有注意到，听众中有一位皮肤黝黑的中年男子，一言不发地望着讲台，两眼闪烁着异样的光芒。夕阳映照在他的脸上，像火在燃烧，他的心也在燃烧。他就是我们的主人公——塞缪尔·莫尔斯。

杰克逊的演说结束后，莫尔斯兴致勃勃地和杰克逊聊起来。

"我是塞缪尔·莫尔斯，美国画家。"他自我介绍说。

"哦，是塞缪尔·莫尔斯先生！"杰克逊听到他的名字，不禁肃然起敬，"我在巴黎画展上观赏过您画的《卢浮宫画廊》，它棒极了！"

《卢浮宫画廊》是莫尔斯的一幅名作，画的是卢浮宫里琳琅满目的美术珍藏，构图宏大，色调柔和。这幅画给莫尔斯赢来了很大的荣誉。

莫尔斯

"徒有虚名。"莫尔斯客气道，"你刚才的演说才真正棒极了。"

杰克逊听到莫尔斯的夸奖，愉快地笑了。

"你是电学博士吧？"莫尔斯问他。

"不，我是学医的。"杰克逊回答，"电学只是我的爱好。"

杰克逊是美国马萨诸塞州人，生于1805年，比莫尔斯小14岁。他24岁获得哈佛大学医学博士学位，之后到欧洲留学，在巴黎大学继续学医，又在皇家矿业学院攻读地质学。杰克逊的兴趣广泛，尤其热衷于化学和矿物学，对新锐的电学也颇为关注。在法国留学的三年期间，他结识了不少科学家。一年前他在欧洲进行了一次科学旅行，亲眼见识了电学上的一些新奇发现，预感到这门学科将大有作为。这次他是学成归国，准备回马萨诸塞州的波士顿开业行医。

"电真的能够神速地通过导线吗？"莫尔斯问杰克逊。他的神情凝重，在这个问题的背后似乎隐含着一个重大的决定。

"千真万确。"杰克逊说。

接着，他给莫尔斯讲了一件发生在巴黎的趣事。那是在1748年春天，有一位名叫诺莱特的法国人，给法国国王路易十五和皇室成员举行了一场颇为搞

查尔斯·杰克逊

笑的电学表演。诺莱特是位牧师,也是一位物理学家,生性幽默,人称诺莱特神甫。他让700名修道士在巴黎圣母院外面手拉手排成一行,队伍长达900英尺(3.28英尺相当于1米,约合275米)。然后,诺莱特让排头的修道士用手握住蓄电的莱顿瓶,让排尾的修道士用手握住莱顿瓶的引线,就在接触的一刹那,700名修道士因受电击同时惊叫着跳了起来。当时在场的人无不目瞪口呆!诺莱特神甫却大笑不止。

杰克逊总结说:"每个修道士的反应几乎在同一时间,这表明电传递的速度是非常快的。"

"这真是太神奇了!"莫尔斯仿佛看见了一个奇妙无比的新天地。

莫尔斯完全被电迷住了,连续几个晚上他都失眠了。他联想到自己见过的法国托架式信号机,每次只能凭视力所及传递几英里(1英里相当于1.6千米)远而已。

莫尔斯想:"电传递的速度那么快,能够在一瞬间传到千里之外,加上电磁铁在有电和没电时能作出不同的反应。利用电的这些特性不就可以传递信息了吗?"

一连几天,莫尔斯坐卧不安,兴奋得晚上不能入睡,他的情绪完全被神奇的电所左右。几天后,邮船到达了目的地。旅客们挥手告别,有关电磁铁的议论,不过成为他们记忆中的一朵浪花罢了。

可是，莫尔斯却好像变了一个人。

在船靠近码头的时候，他忽然对船长说："先生，不久你就可以见到神奇的电报啦！请记住，它是在你的'萨丽号'上发明的！"

他提着画箱走下邮船，步履坚定，神情庄严。杰克逊那天傍晚的一席话改变了莫尔斯的一生。41 岁的莫尔斯决定放弃绘画事业，发明一种用电传信的方法——电报。从此以后，写生画、肖像画不再是莫尔斯的主要兴趣。他告别了艺术，投身到科学领域里去了。他在写生本上端端正正地写下了"电报"这个词，立志要完成用电传递信息的伟大使命。

在码头上，莫尔斯与杰克逊握手告别。

"噢，年轻人，谢谢你的电磁演说，让我获得了灵感。"

"祝您创作出伟大的杰作！"杰克逊由衷地说。

杰克逊回到波士顿后开了一家私人诊所。他只当了几年医生，随后改行搞化学和地质勘探，后来成为美国博学的化学家、矿物学家和地质学家。在医学上他也有所建树，他是用乙醚作麻醉剂的发明人。他的这一发明减轻了成千上万病人做手术时的痛苦。

莫尔斯却从此走上了发明电报的崎岖道路。

画家生涯
huajiashengya

莫尔斯于 1791 年 4 月 27 日出生在马萨诸塞州查尔斯顿（现为波士顿的一部分）一个书香门第，父亲是一位受人尊敬的神甫，知识渊博，他所著的地理学教材深受学生欢迎，被誉为美国的"地理学之父"。莫尔斯的祖父也是一位

博学的人,曾担任普林斯顿学院院长。

莫尔斯一家(莫尔斯绘)

莫尔斯在少年时就显示出惊人的绘画才能。14岁时,他画了一幅很出色的家庭聚会水彩画。在画面正中,莫尔斯的父亲指着地球仪给全家人讲地理知识。站立的三个年轻人,是莫尔斯三兄弟。坐在左边戴帽子的女士,是莫尔斯的母亲。整幅作品色调淡雅,构图温馨。此后,莫尔斯又画了一幅名为《漂泊的父老》的油画,题材为美国首批移民在海岸登陆的场景。这幅画后来悬挂在查尔斯顿市政厅里。

莫尔斯读完初级中学后,被父亲送到耶鲁大学学习。耶鲁大学坐落在康涅狄格州纽黑文市,是美国历史上建立的第三所大学,与哈佛大学、普林斯顿大学齐名。耶鲁大学很注重培养学生的人文主义精神,耶鲁大学的校徽上就镌刻着"光明与真知"这几个字。在美国历史上,至少有五位总统毕业于耶鲁大学,其中包括乔治·布什和小布什,还有比尔·克林顿,耶鲁大学因此又有"总统摇篮"之称。莫尔斯在耶鲁大学攻读的是宗教哲学和数学,他的学业完成得不错,但他更迷恋于绘画,尤其喜欢画肖像。

1810年,莫尔斯以优异的成绩从耶鲁大学毕业。父亲很希望他有个稳定的工作,并在神学上有所成就,但莫尔斯却一心想成为艺术家。

父亲教训他说:"儿子,要知道艺术家和贫穷往往是同义词哦。"

莫尔斯回答道:"我宁愿做一个安贫乐道的画家,也不愿做脑满肠肥的神父。"当时说这话时,莫尔斯颇有点口吐豪言的感觉。到后来他真的成了艺术家,才品尝到了贫穷的滋味。

有一位名叫奥尔斯顿的美国老画家很赏识莫尔斯的绘画风格,他看

《卢浮宫画廊》(莫尔斯绘)

了《漂泊的父老》,赞不绝口。1811年,在奥尔斯顿的建议下,父亲送20岁的莫尔斯前往欧洲,拜在名师本杰明·韦斯特门下学画。这位本杰明·韦斯特是英国皇家艺术学院院长,也是个美国人,与美国早期杰出的政治家、科学家富兰克林是朋友,曾为富兰克林画过肖像。后来他旅居英国,被乔治三世任命为宫廷画师,还帮助创建了英国皇家艺术学院,两次被选为院长。莫尔斯到伦敦后,不久就被英国皇家艺术学院录取。本杰明·韦斯特很喜欢这个来自美国的年轻艺术家。在他的悉心指导下,莫尔斯的绘画技艺有了很大提高。这位院长对新古典主义艺术充满了浓厚的兴趣,尤其欣赏米开朗琪罗和拉斐尔的风格。受其影响,莫尔斯创作了一幅《垂死的大力神》。在伦敦美术馆展出时,这幅油画引起了人们的广泛关注。莫尔斯因此获得了第一枚金质奖章,名声大噪。

莫尔斯在伦敦留学四年,成了令人瞩目的青年画家。他在艺术圈结交了许多朋友,其中有知名画家,也有时尚诗人。不过,他的生活一直很清苦。由于家庭并不富有,父亲给他的留

晚年的莫尔斯(莫尔斯绘)

学经费有限。莫尔斯只能节衣缩食,靠教学生素描挣点外快,有时也收取佣金给大人物画肖像。这时,莫尔斯才体会到艺术家的名声并不能当饭吃。他在给父亲的一封信中诉说自己的困窘:"我不得不放弃一些必需的花费,否则我就没有足够的钱来雇模特、参观画廊和买收藏品了……我喝的常常只有水,一年到头穿的是同一件衣服,靴子穿了帮,帽子已经褪成了红褐色……不过,我的钱凑合着还过得去。请家里放心……"

除了甘于淡泊,莫尔斯还得忍受思乡之苦。他在给美国的家信里写道:"我多么期盼这封信能快点寄到你们手里,好让母亲大人知道我的近况安好。要是我能顷刻之间把消息传给你们就好啦!可是,伦敦和波士顿相距 3000 英里(1英里相当于 1.6 千米),得经过好几个星期你们才能知道我的消息……"

有人说,也许正是这种强烈的思乡情结,使莫尔斯后来萌生了发明电报的梦想。

1815 年,24 岁的莫尔斯回到美国,开始了他的艺术家生涯。他的美术作品经常在画展上亮相,获得人们的赞赏。莫尔斯后来迁居纽约,在那里建立了一所国立设计学院,并担任首任院长。纽约市向他订购了一幅大型油画——《美国国会大厅》。这幅画气势恢弘,非常出色,成为莫尔斯的代表作之一。1829年,莫尔斯再次到欧洲游学,与欧洲的艺术家们进行艺术交流,相互切磋技艺。那幅被杰克逊称颂的《卢浮宫画廊》,就是莫尔斯在巴黎画的。这幅画后来被大收藏家丹尼尔·特拉以巨款收藏,成为芝加哥特拉基金会总部博物馆的镇馆之宝。在巴黎期间,莫尔斯被选举为美国画家协会主席。这个荣誉职位他后来担任了多年。

1832 年,莫尔斯搭乘"萨丽号"邮船返美时,已是一名享有盛誉的美国画家了。莫尔斯本可沿着铺着红地毯的艺术之路,获得更多的鲜花和荣誉。但他毅然决定半路出家,转向电学这个新兴的陌生领域,冒着失败的风险,研究利用神奇的电来传递消息——这是何等远大的志向!又需要何等的勇气!

☆ 前人的探索

qianrendetansuo

在电报发明以前，人类的通信方式仅限于烽火台、驿站、飞鸽传书、旗语这几种，都比较原始。

在中国，早在古代商周时期人们就用烽火台来传递军情。若有敌人侵犯时白天就燃烟，夜间就点火，以发出报警信号。一个个遥遥相望的烽火台作为传播站相继点起烽火，警报可以传到几百千米外的京城。大家熟悉的"烽火戏诸侯"的故事，讲的就是周

烽火狼烟

幽王为博美人褒姒一笑，点燃烽火台而戏弄诸侯。最终这个只爱美人不爱江山的周幽王成了亡国之君，遗恨千古。

驿站也是中国古代为传递公文、军事情报而设立的通信机构，最初设传车，后改为驿马。在一定距离设宿所，专供传递文书者或来往官吏中途住宿、补给、换马的处所，称为驿站。成书于西汉时期的《礼记》中就有"驿传车马，所以供急遽之令"的记载，唐代诗人

《古代驿站》邮票（1995 年发行）

莫尔斯　贝尔　贝尔德

岑参有"寒驿远如点"的诗句。驿马体力强健,善于奔跑,日行可达六百里,为中国古代的信息传递和历史发展立下了汗马功劳。1995年我国发行的《古代驿站》纪念邮票,图案为两处明代的驿站遗址:一是孟城驿(上左),在江苏高邮古城南门外,是一处水马驿站;另一处是鸡鸣山驿(上右),在河北怀来,是我国现在仅存的一座较完整的驿城。

飞鸽传书的历史也很悠久。古罗马人很早就知道鸽子具有归巢的本能。在重大体育竞赛结束时,通常放飞鸽子传递获胜消息。古埃及的渔民,每次出海捕鱼时都带有鸽子,为的是传递求救信号和渔汛消息。相传我国古代楚汉相争时,被项羽追击而藏身废井中的刘邦,就是因为放出一只求援的鸽子而获救。据史料记载,张骞、班超出使西域时,也是利用鸽子来传递信息的。五代后周的王仁裕在《开元天宝遗事》一书中专门设有"传书鸽"章节,记载有:"张九龄少年时,家养群鸽,每与亲知书信往来,只以书系足上,依所教之处飞往投之,九龄目之为飞奴。"可见我国唐代已利用鸽子传递书信了。到了近代,人类对鸽子的利用更为广泛,甚至在战火硝烟中也能见到飞鸽的影子。据说1815年6月18日著名的滑铁卢战役的战果,就是由信鸽传递到罗瑟希尔德斯的。

旗语是海上最古老的通信方式,起源于西方的大航海时代,那时舰船之间就用旗语进行联络。信号手两手各持一面旗子,人站在舷边的突出部位,通过把旗子举到相对于身体的不同位置,表达不同的字母和符号。例如,左手垂直举起,右手向下斜方伸出表示"K"。右手垂直举起,左手向下斜方伸出表示"V"。两手平行伸出表示"R"。这样将几个字母组成一个字,若干个字就组成词语。直到现在,旗语仍是世界各国海军通用的语言。舰船上悬挂着各种信号旗,不同的旗子、不同的旗组表达着不同的意思。

1793年,法国的查佩兄弟在巴黎至里尔之间架设了一条232千米长的托架式信号线路。这是一种由15个信号塔组成的通信系统,每个信号塔安装一个托架信号机。信号机由一个木制横梁和两个臂组成,信号员在下边通过绳子和滑轮,操纵横梁和两臂的不同角度,可组成192个不同位置,来表示字母、单词或者完整的词组。相距十多千米远的另一个信号塔,用望远镜观察前一个信号塔两个臂的位置来接收传递的信息。这与旗语通信有些相似,不过这种通信机的托架尺度比旗语使用的小旗大得多,因此通信距离远,而且可以实现接力传递。当时法国和奥地利正在作战,通过信号系统一个小时就把法军从奥军手中夺取埃斯河畔孔代的胜利消息传到了巴黎。此后,比利时、荷兰、意大利、德国、俄国等也先后建立了这样的通信系统。据说查佩兄弟是第一个使用"电报"这个词的人,尽管他们的装置和电并没有关系。

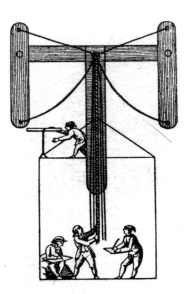

查佩的托架式信号塔

烽火台、驿站、飞鸽、旗语,这些传统通信方式存在着很大的局限性。烽火台和旗语是靠视觉观察传递信息,受能见度的影响;驿马和飞鸽传信,载体是动物,速度再快也有限度。而且这些手段传递的信息比较单一,信息量小。

正是由于这个原因,在人类对电的奥秘有所认识后,许多人开始梦想利用神奇的电来传递信息。只要翻开电子科学技术史就可以看到,在莫尔斯之前,已有许多先驱者在这条路上进行探索。

早在1753年,就有科学家试图用电来实现通信。当时伏打电池还没有发明,科学家只能借助于静电感应。静电感应可以吸引草芥、纸屑这样的轻薄物体。一个名叫摩立孙的英国人突发奇想,利用静电的这一特性,从发报点到收报点扯了一束26根的金属导线,每根导线的末端都挂着一个金属小球,每个球下面又挂着分别写有字母的小纸片。当发报端的人用静电机依次连接导线时，导线另一头相应的纸片会被吸起来，收报端的人按照字母纸片被吸起的顺序拼成词语，以此来传递信息。这大概就是有关电报工程的最早设计，可是因为这种方法太原始，用静电感应传递的距离不远，所以始终没能实现电报传递。

继摩立孙之后，不少学者提出了其他方法，也做过多种实验，有的是用单线取代26条导线，有的是用木球代替纸片，但是经过40多年的努力，始终没有一个人能造出实用的静电电报机。

伏打电堆纪念邮票

1800年，在生物学家伽伐尼解剖蛙腿实验的启发下，意大利人伏打发明了电堆，也就是电池组。伽伐尼和伏打是朋友。1786年，伽伐尼在做实验时，把一只解剖了的青蛙倒挂在铁栏的黄铜钩上，竟意外地发现青蛙的两条腿突然颤抖了一下。这就是著名的"伽伐尼效应"。伽伐尼本人未能正确解释蛙腿颤抖的原因，他认为是动物电，伏打却不同意他的解释。这位41岁的电学家经过深入研究，揭开了蛙腿颤抖的原因：两种不同的金属与水（伽伐尼实验中的铁栏、黄铜钩和蛙腿湿润的肌肉）相互接触，可产生一种电流，这种电流刺激了蛙腿的神经，因而引起蛙腿的颤动。根据这一原理，伏打于1800年发明了世界上第一个电池，即伏打电堆。他把若干个银圆片、锌圆片和用电解液浸湿的硬纸圆片依次叠加在

奥斯特电磁感应纪念章

一起,组成一个电堆,由于两种不同金属和纸片中的电解液发生化学作用,进而产生了连续的电流。伏打的发明宣布了静电时代的结束,人们终于获得了连续不断的电流!

"用电传递信息"的理想之火又重新燃烧起来。

1820年4月,丹麦物理学家奥斯特发现了电流能够转动磁针的效应。一天,奥斯特在课堂上做了一次即兴实验。他把一根很细的铂丝连在伏打电堆上,细铂丝下搁着一个用玻璃罩着的磁针,磁针的方向与细铂丝平行。当着许多学生的面,奥斯特接通了电源。在接通的一刹那,他发现磁针摆动了一下!奥斯特激动得竟然在讲台上摔了一跤。因为他知道,这是人类第一次有意识地发现了电和磁的关系!

这个近代电磁学上的重大发现,给电报的实现带来了希望。第二年,法国电学大师安培就提出可以用电磁效应来传递消息的想法。杰克逊在"萨丽号"上宣传的实际上就是安培的思想。在这十年时间里,人们进行了大量探索,却没有找到一种既有效又实用的方法,连不少有经验的电学专家都感到问题很棘手。

莫尔斯就是在这种背景下"投笔从戎",参加这场攻坚战的。一个从来没有接受过科学训练、也没有研究过电磁学的画家,而且已经年过四十,居然改行要攀登这座没有人征服的高峰。显而易见,莫尔斯要完成的使命是非常艰巨的。

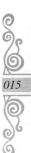

KEXUE JUREN DE GUSHI

攀登高峰

★ 向亨利求教

xianghengliqiujiao

　　莫尔斯回到美国后，就一头扎进电报机的研究中。莫尔斯遇到的最大困难，是他对电和磁的知识几乎一无所知，但是他一点也不动摇，决心从头学起。一个朋友告诉他，纽约大学的伦纳德教授对电磁学很有研究。莫尔斯便特地登门拜访。

　　伦纳德教授戴着一副小眼镜，头发微卷，颇有学者风度。他在大学里是教化学的，电磁学只是他的兴趣爱好。教授为人豁达，听说莫尔斯是位画家，很是客气。

　　"您是一位艺术家，为什么对枯燥的电磁学感兴趣啊？"

　　莫尔斯说起了"萨丽号"上的事。

　　"我觉得电磁学里一定隐藏着很多奥妙，掌握了它就能为人类造福。"

　　"那你需要了解什么？"伦纳德教授被画家的执着打动了。

　　"电磁学的基本概念、最简单的原理，还有电池怎么制作、电磁铁的特性……这些我都想了解。"莫尔斯急切地说。

　　教授笑了。莫尔斯想了解的这些东西，都是电磁学的入门内容。

　　教授告诉莫尔斯，这些并不难，只要肯下功夫都能掌握。他选了几本入门的书推荐莫尔斯读，并欢迎莫尔斯随时来找他。

　　在伦纳德教授的帮助下，经过半年的刻苦学习，莫尔斯初步掌握了电磁学的原理和一些简单的制作方法，包括自制伏打电池，绕制电磁铁等。

　　伦纳德教授还推荐了一篇亨利写的关于电磁铁的文章给莫尔斯，说很值得一读。这是莫尔斯第一次听说亨利的大名。

亨利全名约瑟夫·亨利，是美国以电感单位"亨利"留名的大物理学家，在电学史上与法拉第、安培齐名。他被认为是继富兰克林之后美国最伟大的科学家之一，对电磁学的发展贡献卓著。亨利曾经同法拉第分别发现了电磁感应现象。事实上，他的发现比法拉第还要早一些，只是没有第一个发表罢了。亨利还发明了摆动式电动机、继电器。亨利1797年出生于纽约州奥尔巴尼一个贫穷的家庭，13岁失学，到钟表店当学徒。他自幼好学，喜欢读书。据说有一次在乡间玩耍时，他看见一只野兔，就拼命去追，野兔把他引到一个洞口，他好奇地顺着这个洞口爬了进去，像《天方夜谭》里的神话一样，亨利发现了一座"宝库"。原来这个洞口直通一座教堂的藏书室，木架上摆满了精装的图书，他被深深地吸引住了。从此，他一有空就躲进教堂，阅读各种书籍，获得了很多知识。

通过刻苦自学，亨利掌握了中学的各科知识，22岁时考进奥尔巴尼学院深造，毕业后留校任教，开始进行电学实验。1829年，亨利用绝缘的纱包铜线在一个铁芯上绕了两层，然后给铜线通电，发现仅重3千克的铁芯竟然吸起了300千克重的铁块，远远超过了一般天然磁铁的吸引力。电转变为磁能产生如此巨大的力量，使亨利非常兴奋，这鼓舞着他继续对电磁现象进行研究。

1831年，亨利在杂志上发表文章，详细地介绍了自己用电磁铁进行实验的结果。伦纳德教授推荐给莫尔斯的，就是这篇文章。莫尔斯读了亨利的文章，受到很大启发。

莫尔斯买来各种电工器材和工具，在家里夜以继日地干起来。从前的小画

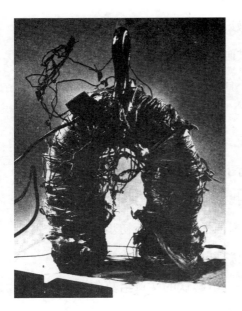

亨利发明的电磁铁

室变成了地道的实验室,到处都是线圈、磁石和导线,他的写生本上也涂满了各式各样的方案和草图。莫尔斯的全部生活和希望都凝聚在这个小小的实验室里。

夜幕笼罩着城市,只有他实验室里的灯火常常彻夜不熄。冬尽春来,秋去冬至,他画了一张又一张草图,进行了一个又一个实验,但是每次都以失败而告终。

三年时间过去了,莫尔斯的积蓄几乎全部花光了。1835 年底,莫尔斯终于造出一台原型电报机。这台电报机由电磁铁、电池、导线、齿轮和木支架组成,相当笨重,看上去一点也不像后来投入使用的电报机,但它却是世界上第一台电报机模型。它的结构如下:在发送端,先把凸凹不平的字母版排列起来(图中 A),然后摇动手柄让字母版慢慢触动开关(图中 N),不连续的电流信号通过导线传到接收端,再通过电磁铁牵动与铅笔相连的摆尖(图中 B),在移动的纸带(图中 r)上画出波状的线条,经译码翻译便可还原成电文。莫尔斯的这台原型机,传递距离只有 2~3 米。如果收发两端距离增大,机器就会失灵,完全不能投入使用。莫尔斯做了很多努力,都没有成功。

这位业余发明家到了山穷水尽的地步。他在给朋友的信里写道:"我被生活压得喘不过气来!

莫尔斯 贝尔 贝尔德

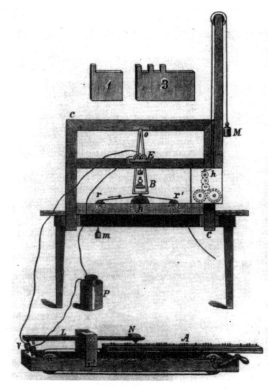

第一台莫尔斯电报机(示意图)

我的长袜一双双都破烂不堪,帽子也陈旧过时了。"

1836 年,为了生计莫尔斯不得不重操旧业,接受了纽约大学的美术教授职位。他又回到艺术领域,不是休息,也不是退缩,而是为了生活,以便继续进行发明电报的实验。受挫的发明家重新拿起画笔,不禁感慨万千。四年前在"萨丽号"上听演讲的情景,他一次又一次的努力和失败,像潮水般涌现在眼前。

他奋笔画了一幅油画,画的下方是波涛汹涌的大海,一群在暴风里搏击的信鸽布满了整个天空。他觉得,自己就是一只信鸽,正在逆风中飞翔。莫尔斯念念不忘的还是通信,是人类多少年来没有实现的梦想。

在彷徨的时候,莫尔斯想到了亨利,他决定向这位电学大师当面求教。

亨利于 1832 年被新泽西学院(现为普林斯顿大学)聘为物理学教授。这所名校地处纽约和费城之间,校园内有很多城堡式的建筑,风光秀丽。亨利到新泽西学院后,在教学之余继续对电磁学进行研究,成果很多。他首先发现了著名的自感应原理,后来设计制造了一台电动机。他还通过实验发现在一定的距离外可以感应出电流,这实际上是发现了电波的存在和传播,比赫兹的电磁波实验早了 40 多年,只不过当时的科学界还没有意识到这个实验的重要性。

7 月的一天,莫尔斯风尘仆仆地赶到新泽西学院,登门拜访亨利。

亨利年近 40 岁,额头宽大,和蔼温和,颇富有书卷气,一副挺拔的鹰钩鼻,给人一种强有力的印象。对纽约大学美术教授的突然来访,亨利起初有些意外。但当两人在客厅坐下,交谈起来后却一见如故。莫尔斯说起几年前拜读过亨利关于电磁铁的文章,大受裨益。

"我今天是特地来请教的。"莫尔斯说明了来意。

"哦,您太客气了。"亨利心想,电磁铁这玩意儿真的有趣,连画家也迷上了。

莫尔斯比亨利年长 6 岁,但在物理学教授亨利面前,画家莫尔斯却像个小学生一样,毕恭毕敬地谈起自己研制电报机的经过和甘苦,希望能得到亨利教授的指点。莫尔斯面孔消瘦，目光炯炯有神，举止间有一种艺术家的风度，谈吐中却透着发明家的狂热和执着。

亨利把自己搞电磁研究的经验和体会，原原本本地向莫尔斯作了一番介绍。在学术探讨上毫无保留，这是亨利的一贯作风。

亨利说，几年前他曾在短距离内成功地实现了用电磁铁传递信息。

亨利告诉莫尔斯，1829年自己在奥尔巴尼学院改进电磁铁时，想到通过电流的通断，就可以利用电磁铁把一些信息传递出去。电流通断时会使磁性时有时无，如果事先做出一些约定，就能传递信号。实际上，这个设想就是电报的雏形。1831年，亨利在奥尔巴尼学院的办公室和家之间拉了两根电线，在家里摆放了一个联在回路中的电磁铁，办公室那一头接上电池和电键。当他按下电键，电路被接通，家里的电磁铁就产生吸力，吸起一个小铁锤敲响一个铜铃，发出悦耳的声响。他和爱妻自编了一套联络信号：铜铃敲响一下，表示晚上准时回家；铜铃敲响两下，表示有事耽误回不来；铜铃敲响三下，表示晚上有客人来访，准备点好吃的。亨利发明的用电磁铁传递信息的办法，其实正是原始的电报。这实际上是"电磁音响式电报机"的最早模型。他的办公室和家之间相距

1.6千米。不过亨利的这个发明只是自娱自乐，他压根儿没有给这种装置取名字，也没有申请专利。亨利从他的发明中得到的好处是：每天回家时，妻子早就把可口的饭菜摆在桌子上了。

亨利的发明让莫尔斯大开眼界。1.6千米的通信距离，令他羡慕不已。莫尔斯想不通，为什么自己的电报机却只能传几米远。

莫尔斯拿出自己设计的模型图向亨利

约瑟夫·亨利

求教。亨利仔细看了莫尔斯的设计图,略加思索,给他提了三条建议:第一,把电磁铁换成用绝缘导线的强力电磁铁,这样能提高接收信号的强度;第二,用继电器把每个备用电池的线路串联起来,电流可以经过很长距离而不变弱;第三,电路中的一条导线可用地线代替,而不需要两条往返导线。

亨利的指教给了莫尔斯莫大的启发。莫尔斯回到纽约,立即着手对电报机进行改进。经过反复实验,不断调整,改进型的电报机传递信号的距离提高了不少。

这个初步的成功使莫尔斯备受鼓舞,大大增强了他用神奇的电来传递消息的信心。但是要进一步研制能投入使用的电报机,需要投入大量人力、物力和财力。莫尔斯苦于缺乏资金和技术支持,他四处游说,寻找企业和财团的帮助。但是大亨们对画家的电报梦都不感兴趣,认为这不过是艺术家的异想天开而已。

☆ 维尔加盟
weierjiameng

1837 年 9 月的一个周末,机遇意外降临。

伦纳德教授邀请莫尔斯在纽约大学的礼堂展示他的电报机原型,目的是向学生们进行科普宣传。海报贴出后,反应很强烈,来听讲座的学生人山人海。莫尔斯站在讲台上,兴致勃勃地向大家讲解电报的原理,他一边解说,一边作演示。伦纳德教授笑眯眯地在一旁给他当帮手。大家围着莫尔斯的电报机,像看魔术一样惊奇。

莫尔斯说:"我的这个电报机由电磁铁、电池、开关组成,收发报机用导线连接,齿轮是用来操控的。发报机上的这块凹凸不平的字母版,就是我们要传递的信息。现在,请伦纳德教授为我们演示发报……"

只见伦纳德教授蹲下来,小心地摇动手柄。这时,长条形字母版慢慢触动开关,时断时续的电流信号通过导线传到接收机上,电磁铁牵动着一个连着铅笔的摆尖居然摆动起来,铅笔在移动的纸带上画出波状的线条!

参观者都吃惊得瞪大了眼睛,人群里不断发出赞叹声。大家七嘴八舌

阿尔弗雷德·维尔

地议论起来,场面很热闹。只有一个模样斯文、仪表堂堂的青年,目不转睛地盯着电报机,一声不吭,脸上露出一种心驰神往的神情。他的名字叫维尔,是偶然看到海报前来听讲座的。

"这家伙看上去像匹高头木马,没想到操作起来还挺灵活。"一个戴眼镜的学生说。

"是呀!挺好玩的。"另一个小胖子直点头。在他的眼里,这个东西只是个科学玩具。

"听说莫尔斯教授是教美术的。"戴眼镜的悄悄说。

"呵呵,怪不得这机器的木架子像一个画架。"有人插嘴道。

大家哄笑起来。

伦纳德教授正色道:"同学们,你们看见的是莫尔斯教授的一项伟大发明!这里展示的还只是模型样机,一旦它开发成功、投入使用,人类用电来传递信

息的梦想就能成真了！"

"真有这么神奇吗？"大家被镇住了。

"没有关系，欢迎同学们评点。"莫尔斯并不介意。

讲座结束后，那个叫维尔的年轻人找到莫尔斯说："莫尔斯教授，我能和您谈谈吗？"

"哦，可以。什么事？"莫尔斯很爽快。

"我叫阿尔弗雷德·维尔，是纽约大学的毕业生。"

"啊，幸会。"莫尔斯说。

"我能加入您的电报研究，成为合伙人吗？"维尔开门见山，毛遂自荐。他说话的口气急切，目光殷切，唯恐莫尔斯会拒绝自己。

"你有什么专长？"莫尔斯随意问道。

"我在家父的炼铁厂做技师，我懂机械，可以协助您改进机器。我还能动员家父出面，为电报机投入使用筹集到资金。"维尔一口气说道。

莫尔斯一听，不禁对他刮目相看。维尔所说的这些条件，对莫尔斯有极大的吸引力。

"你的父亲大人是哪一位？"莫尔斯饶有兴趣地问道。

"家父名叫史蒂芬·维尔，是斯皮德韦尔炼铁厂的老板。"

"哦，斯皮德韦尔炼铁厂，很有名的。"在一旁的伦纳德教授不禁脱口道。

"唔，欢迎你加盟。"莫尔斯当即表态，同意接纳维尔为合作伙伴。维尔听后兴奋不已，满脸通红，高兴得像个大孩子。能加入到电报的发明研究行列，他感到自己的人生价值能得到体现。

不过，老练的莫尔斯教授提出了一个条件——包括维尔在内的所有发明都以莫尔斯的名义申报专利，敦厚的维尔一口就答应了。据后来的资料记载，1837 年 9 月 23 日，维尔和莫尔斯签订了一个具体的协议，承诺有关电报机的一切发明均以莫尔斯的名字面世。

莫尔斯当初开出这个条件，也无可非议。他并不知道维尔有多大本事，只不过有言在先，自己是这个研究项目的法定代表。谁曾想，后来维尔的设计天才得以充分展现，并为电报发明作出关键性贡献——这时人们才发觉维尔吃了大亏。这是后话。

阿尔弗雷德·维尔是新泽西州人，1807年9月25日出生，这时正当而立之年。他比莫尔斯小16岁，充满活力和创造性，又有机械专业的知识，再加上企业家父亲的财力资源，维尔的加盟对莫尔斯来说真是如虎添翼。

维尔当即对莫尔斯表示，他可以利用父亲工厂的条件，制造出实用的电报机样机。他还能说服父亲，资助莫尔斯在美国和外国申请电报机专利的费用。所有这些正是莫尔斯求之不得的。

莫尔斯心想："也许是上帝派维尔来襄助我的！"

维尔满腔热情地投入到电报机的改进中。他和年轻的助手巴克特斯在斯皮德韦尔炼铁厂里，夜以继日地研究试制能够实用的电报机。这个炼铁厂位于新泽西州的莫里斯镇，后来成了美国的历史性地标和名胜。巴克特斯后来回忆说："维尔先生埋头苦干，为人谦虚，不事张扬。而莫尔斯教授是一位强势人物，他非常坚信自己的计划和方法的优越性。不过我们对教授都很尊重，虽然他的机械专业知识有限。教授的第一台原型机，其实只是一个电报机的模型。"

维尔发现莫尔斯的原型机存在着明显的不足，它的结构是木制的，支架太大，机器不紧凑，只适合作演示用，要投入使用却很不方便。维尔开动脑筋想办法，换掉原来的木支架，采用全金属结构。这样一来，新的样机变得紧凑了，操作起来更方便，但距投入使用还存在着不小的距离。

莫尔斯和维尔用改进后的样机反复进行实验，都没有取得预期的效果。

★ 突 破
tupo

　　失败并没有使莫尔斯气馁，他变得冷静了。用导线传递信息难道不可能吗？不，经过近五年的实践，他更加坚信杰克逊的话是能够实现的。那么失败的原因在哪里呢？莫尔斯苦苦思索着。他反省了自己的设计思路，认真地检查了所有的实验器材。莫尔斯逐渐意识到，自己的原型电报机是通过凹凸不平的字母版转换信息的。不同的信息需要不同的字母版，更换字母版的工作量极大，使用起来很难实现。这种模式从根本上决定了电报实验难以成功。

　　多少个不眠之夜过去了，莫尔斯终于找到了问题的症结：踩着别人的脚印是不能走到前面的，必须寻找一条新路！经过反复思考，一个崭新的思想在他的头脑中酝酿成熟了。

　　一天，莫尔斯到斯皮德韦尔炼铁厂检查样机改进情况时，喜形于色地向维尔透露："我找到办法了！"

　　又过了几天，莫尔斯向维尔披露了自己的大胆设想。

　　莫尔斯说，电报机既然是利用电流的断续来传递信息，电流接通，是一种状态，这是一种符号（点）；电流断开，是另一种符号（间隔）。只要用这两种符号（点和间隔）组合起来，就可以代表从0—9的10个数字。不同的数字组合，就可以代表不同的单词（如4个数字表示一个单词）。用一个电键就可以敲击出点、间隔。这样一来，就大大简化了电报机结构！原型样机上的那些复杂的凹凸字母版，完全可以淘汰掉。

　　"教授，您的这个创意太妙啦！"维尔很佩服莫尔斯的设想。

"不过，我需要编一本字典……"莫尔斯说。他所说的"字典"，实际就是代码本，每四个数字对应一个英文单词。这有点像我国最早使用的四角号码字典，四个数字代表一个汉字。

但是，编写代码本的工作量非常大，莫尔斯花费了很多精力。1837 年 10 月 24 日，莫尔斯在给维尔的一封信里透露说："这本字典的编写，已进入最后阶段，你想象不到要花费多少劳动！好在现在快要大功告成，到时候只要写几个数字，就能查到它代表什么单词……"

莫尔斯(摄于 1840 年)

这个代码本是何时完成的，在莫尔斯的传记资料里没有记载。但有一点可以肯定，当代码本接近"大功告成"时，莫尔斯发现它使用起来有很大的局限性。因为接收电报时，收到的是一连串的数字，不能直接解读，必须查代码本才能知道信息的意思，就像是密码传递似的。

聪明过人的维尔也发现了这个不足。

"教授，"维尔问莫尔斯，"有没有不用查字典的办法呢？"

"嗯，"莫尔斯沉吟道，"让我再想想……"

话又说回来，查字典虽然笨了点，但比起凹凸字母版来，它在设计思想上已是一个飞跃。不过，莫尔斯并不满足已经取得的成绩，年轻合伙人的话给了他一个启发。

一连几个星期，莫尔斯绞尽脑汁地苦思冥想，都没有想出好点子来。

一天傍晚，莫尔斯在河边的小路上散步。夕阳照映在河面上，波光粼粼。岸

边的长椅上,有老人在小憩,金色的阳光洒落在他们的身上。空气中散发着一种温馨的气息。莫尔斯从连日的劳顿中挣脱出来,感到片刻的轻松,他已经好久没有这样的心情了。

莫尔斯信步走到河边,从岸边捡起一个小石片,挥臂扔到河里。小石片在水面上跳跃,划出一串圆圈。莫尔斯再捡起一个小石片,挥臂扔向更远的地方。小石片越过水面,激起一串漂亮的水花。那些小水花在夕阳的映照下,宛若一串跳动的电火花。这情景令他如痴如醉,不禁有些发呆。

突然,莫尔斯两眼一亮,兴奋不已,只觉得冥冥之中灵感忽至。

他想,电流只要停止片刻,就会出现火花,火花是一种符号(间隔);电流接通,没有火花是另一种符号(点);没有火花的时间长又是一种符号(画)。这样,就有三种状态(点、画、间隔)可以进行编码,比只用点和间隔表示的组合要多得多。采用这种编码,不仅能表示从 0—9 的 10 个数字,还能表示 26 个英文字母!这样一来,用点、画和间隔的不同组合,就能直接传递由字母组成的单词,连贯起来就是英文字句信息了!

这是一个伟大的设想!莫尔斯激动万分。他像阿基米德发现了浮力定律一样,高喊着"我找到了! 我找到了!"他一路狂奔,回到家里,在科学笔记上充满信心地写下:

> 电流是神速的,如果它能够不停顿地走十英里,我就要让它走遍全世界。电流只要停止片刻,就会出现火花,火花是一种符号;没有火花是另一种符号;没有火花的时间长又是一种符号。这里有三种符号可以组合起来,代表数字和字母。它们可以构成全部字母,文字就能够通过导线传送了。这样,把消息传到远处的崭新工具就可以出现了!

莫尔斯的这个构思,是电报发明史上一项重大的突破。在这之前,人们的实验,都是用多根导线或者磁针偏转的多种位置来代表不同字母,26 个字母就要有 26 种不同的状态，因此设备庞杂，很难实现。莫尔斯设想用点、画和间隔的组合来表示字母，只要发出两种电符号，就能够传送消息，这就大大简化了设计和装置。

莫尔斯把自己的新构思告诉了维尔。维尔的反应非常兴奋，可以说两人是一拍即合。后世有传记作者说，这个构思是维尔最先提出的，不过证据并不是很充分。最有可能的是，维尔当时也产生了这个想法，这就是英雄所见略同。有资料说 1838 年 2 月维尔在一封信里曾对父亲透露过："莫尔斯教授有一个关于点和画的新设想，已经把编字典抛到一边了。"这是可信的。

当莫尔斯让维尔考虑一下具体的实施方案时，维尔欣然接受了。他唯一的愿望就是在这项伟大的发明中，发挥自己的聪明才智和创造精神。

维尔接受任务后，立即投入到紧张有序的工作中。

究竟如何用点、画和间隔的组合来表示 26 个字母，其中大有学问。因为在日常的英文中，各个字母的使用频率不一样。使用频率越高的字母，代码应该设计得越短，这样传递信息的效率才高。经过深思熟虑，维尔决定采用最简单和最短的组合来表示经常重复的英文字母。维尔对当地报纸的版面作了详细的统计，发现字母 e 出现的频率，比任何其他字母出现的频率都高，因此他分配给 e 最短的符号，一个单点（·）；t 出现的频率也比较高，就用一画（—）来表示；相反，字母 b 出现的频率小，就用长一些的符号"画点点点"（—···）来表示。如此类推。

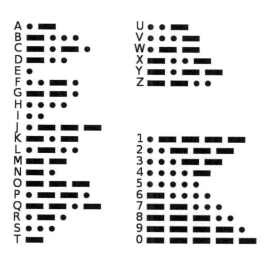

国际标准莫尔斯电码

莫尔斯电码纪念章

1838 年 1 月 8 日,维尔提出了莫尔斯编码的具体方案。实际上在 1837 年年底,维尔就完成了这个方案。他同时还在考虑对电报机作相应的改进。这个编码方案规定了特定的点画组合,来表示不同的英文字母、数字和标点符号,这就是莫尔斯电码的前身,也是电信史上最早的编码。它由两种基本信号和不同的间隔时间组成:短促的点信号"·",读"嘀";保持一定时间的画"一",读"嗒"。一点为一个基本信号单位,一画的时间长度等于 3 个点。在一个字母或数字内,各点画之间的间隔为两点的时间长度。字母(数字)与字母(数字)之间的间隔为 7 个点的时间长度。

可以说,莫尔斯电码是莫尔斯和维尔两人合作的成果,它凝聚了两位发明家的智慧和心血。莫尔斯的灵感,加上维尔巧妙的设计,使它成为人类通信史上最经典的一项发明。

由于莫尔斯电码利用"点""画"和"间隔"(实际上就是时间长短不一的电脉冲信号)的不同组合,来表示字母、数字、标点符号,用来传递信息,非常简便实用。1851 年国际会议对莫尔斯电码进行修订,使之更加准确、简单,后来得到全世界的通用。这就是国际标准莫尔斯电码。

事实表明,莫尔斯电码是电报发明的一个核心内容(软件),其生命力比莫尔斯电报机(硬件)长久得多。作为一种信息编码标准,莫尔斯电码拥有其他编码方案无法超越的生命力。在漫长的岁月里,莫尔斯电码为人类通信作出了巨大的贡献,上演了许多精彩的故事。在第二次世界大战中,有个名叫亚力克西斯的英军少校被德国纳粹俘虏了,从 1941 年至 1945 年被关押在德军的战俘营中。亚力克西斯从小爱好刺绣,正是这一爱好帮助他度过了战俘营难熬的岁月。他用从降落伞上扯下来的丝线，刺绣一些精致的图案。纳粹万万没有想到，亚力克西斯却用莫尔斯电码在其中一幅刺绣上绣了句"该死的希特勒"。这一串莫尔斯电码"··—··— —·— —·· ···· —·—··—"绣在图中长方形装饰图案的左上方被标记出来的地方。其对应的 10 个英文字母，连在一起就是"fuck hitler"（"该死的希特勒"）。愚蠢的纳粹军官未发现蹊跷，还将这幅作

莫尔斯电码

亚力克西斯的刺绣图（左上图画部分）

品在战俘营里展出达数年之久。亚力克西斯后来被国际红十字会营救出狱。

　　1912 年 4 月 14 日震惊世界的"泰坦尼克号"海难，就首次使用了莫尔斯电码"SOS"呼救。这个独特的"嘀嘀嘀嗒嗒嗒嘀嘀嘀"的信号（··· — — — ···），从此成为海难者的救星，拯救过无数人的性命。莫尔斯电码在海事通信中被作为国际标准一直使用到 1999 年。

　　1997 年，当法国海军停止使用莫尔斯电码时，发送的最后一条消息是："所有人注意，这是我们在永远沉寂之前最后的一声呐喊！"

★ 取得专利
qudezhuanli

　　为了制作采用莫尔斯电码的新装置，在莫尔斯的安排下，维尔投入了紧张的工作。他和巴克特斯在斯皮德韦尔炼铁厂里，又加班加点地干起来。按照莫

尔斯的要求,维尔对电报机的结构作了调整,进行了重新设计。没过多久,莫尔斯和维尔终于试制成功一台传递莫尔斯电码的装置。这台样机的接收端和莫尔斯第一台原型机相比,它的外形和结构都有很大变化,且这台机器上增加了灵巧的杠杆,还采用了亨利发明的继电器。莫尔斯把新机器正式命名为电报机(Electric Telegraphs)。这时莫尔斯已经 46 岁。

值得一提的是,维尔承担了全部试制的经费。这解决了莫尔斯教授的燃眉之急。莫尔斯的美术教学收入并不高,除了必需的生活开支外所剩无几。有时候,莫尔斯窘迫得连买双新皮鞋的钱都没有,但是他很达观,他的全部身心都投入到了电报的发明中。发明家的日子虽然很清苦,但他却乐在其中。

就在同一年,英国物理学家惠斯通和库克,还有德国的斯泰因亥尔,也各自独立地发明了电报装置。惠斯通和库克的电报机是磁针式的,用五枚磁针的不同偏向来表示字母。惠斯通和库克的机器也采用了亨利发明的继电器。斯泰因亥尔的发明是用一串音调不同的铜铃来做记录信号的终端。相比之下,莫尔斯的电报机实用得多。他采用自己的电码设计思想,发展了安培和亨利提出的原理,摒弃了磁针,更用不着 20 多个累赘的铃铛,这使得莫尔斯的电报机一出世就具有强大的生命力。

电报机终于研制成功了。它虽然还比较粗糙,传递距离还不超过 1 千米,但是却标志着一种崭新的通信工具的诞生。多年的理想将要实现,莫尔斯高兴极了。

1838 年 3 月,莫尔斯和合伙人签订了正式的电报合伙协议。三个合

莫尔斯电报机

伙人分别为工程师阿尔弗雷德·维尔、纽约大学教授伦纳德、国会议员史密斯。按照合伙协议规定,未来电报系统的 16 股股份所有权分配如下:维尔占 2 股,伦纳德占 1 股,史密斯占 4 股,莫尔斯占 9 股。莫尔斯虽然是个画家,但他具有商业头脑和营运观念,在这份合伙协议中,他本人的权益得到了充分保障。

在莫尔斯的电报系统进行实用研发阶段,他需要技术和财力的资助,同时也需要得到国会尽可能多的支持,所以他请来了国会议员史密斯入伙,并给了他不低的股份。律师出身的史密斯懂法律,对商业运作很有帮助。这份合伙协议,让莫尔斯达到了三个目的。正是这个联盟,使莫尔斯最终取得了成功。

1840 年 6 月 20 日,莫尔斯申请了美国专利,专利号为 1647,专利名称为:用电磁信号改进信息传递方式。美国专利局的第一专利员亨利·埃利斯沃尔特是一位资深律师,毕业于耶鲁大学。此君颇具绅士风度,待人热忱,对创新发明非常鼓励。1836 年,美国有个名叫塞缪尔·柯尔特的年轻发明家,发明了一种新的左轮手枪。这款手枪的转轮弹膛可容纳 6 发子弹,比当时的主流火器燧发枪先进得多。埃利斯沃尔特毫不犹豫地给 22 岁的柯尔特颁发了美国专利(专利号为 138 号),并帮他筹集到 20 万美元的投资,在新泽西州组建公司,生产这种新型手枪。柯尔特担任公司的首席营运人和产品设计人。他的公司很快发展成为当时美国发展最快的武器制造公司之一。

莫尔斯遇到埃利斯沃尔特也是一个机缘。这位美国专利局的第一专利员生于 1791 年 11 月,和莫尔斯恰好同岁,两人还是耶鲁大学的校友。埃利斯沃尔特很钦佩一个画家校友发明了高科技的电报机,对莫尔斯非常支持。他很快就发给了莫尔斯电报发明的美国专利。以后数年间,在埃利斯沃尔特的帮助下,莫尔斯又申请了三项相关的补充专利,内容为"电磁电报机的改进",都是 1647 号专利再版时的修订本。莫尔斯最后申请的美国专利为 6420 号,则是改进后的电报机实体,专利名称为"电报机的改进"。这些专利,确保了后来莫

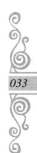

尔斯作为电报发明人的优先权和利益。

埃利斯沃尔特曾担任过康涅狄格州的哈特福德市市长，在美国政坛上人脉很广，他的孪生兄弟威廉·埃利斯沃尔特是美国国会议员。埃利斯沃尔特通过关系，在国会积极活动，为莫尔斯的电报发明争取拨款，以测试该发明的技术可行性。

莫尔斯对此给予了很大的期望，多次到华盛顿拜见国会议员，希望美国国会能给予支持。遗憾的是，由于电报在当时还是新生事物，国会议员们对莫尔斯的发明兴趣不大。莫尔斯很失望。

莫尔斯1647号专利的首页及附图（资料由甘本祓先生提供）

KEXUE JUREN DE GUSHI

上帝创造了何等的奇迹

☆ "丑小鸭"
chouxiaoya

要将电报机投入使用，需要巨额的投资。合伙人的财力支持毕竟有限。

莫尔斯抱着电报机去找大企业家，试图说服他们投资，可是，回答他的却是一盆盆冷水。在科学技术史上，有多少发明在刚问世的时候都被当作"丑小鸭"。在那些大老板的眼里，莫尔斯耗尽心血研制成功的电报机不过是一堆赚不了钱的废铁。一个秃顶的经理回答说："先生，你在开玩笑吧？居然想叫我把钱投资在一个玩具上！"另一个矮胖的百万富翁讥笑说："哈哈！用导线传递消息？你为什么不发明一枚能够飞向月球的火箭呢？"

莫尔斯只得到欧洲去活动，希望能在欧洲得到推广应用。然而这时英国的惠斯通和库克已经发明了电磁电报机，并且取得了英国专利。俄国的希林也造出了其他样式的电报机，大大延长了通信距离，达到了可以实际应用的水准。

希林是俄国一名外交官。1832年，他根据"电流能够转动磁针"的奥斯特效应，设计出了磁针式电报机，利用通电电流的强弱使磁针偏转不同的角度，再根据磁针的角度来表示不同的字母。在沙皇的授意下，俄国于1837年铺设了一条从冬宫到内阁之间的电报线路，以便沙皇在外出游玩时也能处理公务，这也是世界上第一条电报电缆线路。希林在这条电报线路铺设前不久染病去世，没有看到电报机的投入使用。

希林在英国任外交官时，曾演示过他发明的磁针电报机。两个英国人惠斯通和库克受到启发，对希林的电报机作了改进，造出了五针电磁式电报机。

惠斯通生于1802年，父亲是个乐器制造商。惠斯通没有接受过任何正规的科学教育，但他善于学习，刻苦钻研，后来自学成才，1834年被任命为伦敦国王学院实验物理学教授。惠斯通观看了希林的演示，很快掌握了磁针电报机的原理，然后作了相应的改进，并计划在伦敦铺设一条电报线到伯明翰，但由于耗资巨大没能实现。

库克是英国派驻印度殖民地的青年武官，一次回英国度假的时候，偶然观看了希林的电报机展示，立刻意识到这是个巨大的商机，于是辞去武官之职，潜心投入到电报机的发明中来。由此可以看出，应运而生的电报发明在当时具有多么大的诱惑力和感召力。库克凭借着一些粗浅的电磁学知识，搞出了一款三针式电报机。但他苦于理论知识不足，未能以此为基础作进一步改进。有人建议他去找惠斯通。两个发明家紧密合作，很快便制造出了五针电磁式电报机。

这是历史上第一款具备一定实用价值的电报机。它的工作原理是：通过闭合由电池与开关构成的回路，利用线圈的电磁效应来控制磁针的偏转方向。所谓五针电报机，即有五根磁针，这五根磁针排列在一个菱形刻度盘的中心线上，刻度盘上标有字母。它使用了带有 20 个字母的菱形栅格（缺少的 6 个字母需要从信息中省略掉），并在中间配有 5 个针脚。任何两个针脚的左右偏斜都会指向一个特定的字母。发报者可以控制其中任意两根磁针的偏转，通过排列组合来指向特定字母。应该说，这是一个相当巧妙的设想，但是由于几何学上的限制，这个机器只能传送 20 个字母，J、C、Q、U、X、Z 没法表示。惠斯通和库克的电报机很快被应用于铁路信号传送上。

由于这些原因，莫尔斯赴欧洲推介电报发明之行，没有取得任何效果。

惠斯通和库克发明的五针电报机

惠斯通和库克已在英国取得电报专利。同年,他们安装了大约 2 千米长的演示线路。虽然五针电报机的磁针指示字母存在盲点,但已投入实用。英国政府对莫尔斯的发明毫无兴趣。在傲慢的英国官员眼里,这个美国画家手里捧着的电报机,就像一个笨拙的玩具。法国一直在使用传统的托架式信号线路,而且已形成通信网络。莫尔斯花费了许多时间去游说,结果他的努力却白搭了。

莫尔斯带着破灭的希望回到纽约。这时,他已经到了一贫如洗的地步。四处碰壁并没有使莫尔斯丧失信心,他了解自己发明的价值。可是要进一步改进电报装置,加大通信距离,使它投入使用,需要一大笔经费。他的钱已经用得一干二净。怎么办呢?莫尔斯望着电报机,就像望着一个断奶的婴儿,心里一阵酸痛。难道就让它饿死在摇篮里吗?不能啊!窗外飘着雪花,莫尔斯推开窗户,看见几只鸽子在屋顶盘旋。画家心头一热,他仿佛看到电报机的导线架过屋顶,穿越纽约,一直延伸到全世界,人们都在用他的电码通信。他想起自己身边仅存的一点值钱的东西——几幅珍藏多年的名画。那是他的老师、一位酷爱艺术的老画家馈赠的。莫尔斯忍痛把这些艺术珍品卖给了古董商。他心里很难受,但是他相信,就是恩师在世也不会责备他的。

在赴欧期间,莫尔斯结识了法国艺术家和化学家达盖尔。达盖尔这时已成功地发明了实用的银版摄影术,后被称为达盖尔摄影术。这是世界上第一个成功的摄影方法,开创了人类摄影的先河。它让一块表面有碘化银的铜版曝光,然后蒸以水银蒸汽,并用普通食盐溶液定影,就能形成永久性的影像。莫尔斯回到美国后,为了生计搞了一段时间银版摄影术。他对朋友说:“如果我的电报机弄不出名堂来,我就靠银版摄影术来养活自己。因为有了银版摄影术,肖像画就会变成一种完全徒劳无益的手艺。”

莫尔斯在纽约的贫民区租了一间小屋,制作银版照片。他的实验室、卧室、厨房都挤在这间小房子里。美国的第一批照片,大都出自莫尔斯之手。

为了增加收入，莫尔斯到纽约大学兼职教美术课程。据一个学生回忆，当时有四个学生跟着莫尔斯学绘画。他听说莫尔斯教授的经济状况很糟糕，于是先付了四分之一酬金给他。到了该第二次支付酬金时，因为家里没有按时寄钱而拖延了。有一天，莫尔斯走到他面前为难地说："年轻人，钱怎么样了？"

　　"请原谅，教授，钱还没有寄到。"这个学生连忙道歉说，"要到下星期了。"

　　莫尔斯苦笑了一下，自嘲地说："下星期？到时候我已饿死了！"

　　学生很不好意思，脸蓦然红了。他从口袋里掏出 10 美元，尴尬地说："我这里还有 10 美元，能帮您点忙吗？"

　　"这 10 美元能救我的命！我不至于饿死了。"莫尔斯接过钱，然后师生两人到餐馆吃了一顿便饭。饭菜很简单，但可以吃饱。

　　莫尔斯感叹道："这是我两天来的第一顿饭。您千万不要当画家，这意味着一贫如洗，就连看门狗也比画家活得好。"

　　上面这个轶闻，出自俄国作家卡明斯基所著的《爱迪生和莫尔斯》。据卡明斯基记载，1841 年莫尔斯在给友人的一封信里这样写道："两年来，我靠非常可怜的一点费用来维持生活，我节衣缩食，为的是能凑够钱在国会上演示我的电报机。我因为缺钱正面临着死亡的威胁。谁也不知道，为了完善电报机，我不停地工作了多少个日日夜夜。我只有一个想法，就是我手中的发明，可能开创人类文明发展史上的一个新时代，可能造福千百万人。正是这个信念支持着我去进行这些实验。"

　　就这样，莫尔斯在困窘中坚持了下来。在最艰难的日子里，维尔经常从新泽西州的莫里斯镇专程赶来，给莫尔斯鼓劲。莫尔斯感觉到自己不是孤军奋战。

　　莫尔斯和维尔在实验室里一同研究，反复实验，对电报机作了许多改进。他们增加电池组，增加环绕磁铁的线匝，提高接收机的灵敏度，这样就大大延

长了通信距离。维尔还是个优秀的小提琴手，在工作疲劳的时候，维尔就在小实验室里拉起他喜爱的民间乐曲。那淳朴悠扬的琴声，常常把莫尔斯带到遐想的境界。两个战友经过一年的奋斗，电报机最终达到了可以实用的水平。

当成功地做完最后一次实验的时候，莫尔斯确信电报为人类造福的日子终于来到了。

★ 一步之差
yibuzhicha

1842年冬，莫尔斯带着改进以后的电报机，离开纽约前往华盛顿。当这位饱经风霜的发明家提着笨重的箱子走下列车的时候，喃喃自语道："华盛顿，我给你带来了电报！"

莫尔斯这次到华盛顿的境况，比上次要好。特别幸运的是，在埃利斯沃尔特先生的鼎力帮助下，莫尔斯用发明家特有的坚定和热忱，成功地说服了参议院提出拨款3万美元的议案，在华盛顿和64千米外的巴尔的摩之间建立一条实验性的电报线路。议案将提交参议院批准。

莫尔斯住在一家简陋的旅店里等候好消息。眼看多年的理想将要变成现实，这位50岁的画家抑制不住内心的喜悦，他给维尔写了一封报喜信，并且叫他做好一切实验准备。

不料，参议院经过几次激烈辩论，热衷于驿站马车和法国老式通信机的保守观点占了上风。大多数议员对莫尔斯的电报机持保留态度。一些州的代表也极力反对把3万美元巨款花在一个画家"异想天开"的发明上。有关电报的议案，参议院最终没有通过。莫尔斯得到通知后就像天雷盖顶，受到很大的打击。

"啊,华盛顿,这个无情的城市!"莫尔斯伤心地回到纽约,他的口袋里只剩下不到一美元。他紧紧地握住前来迎接的维尔的手,一时竟说不出话来,两行眼泪夺眶而出。

"字字看来都是血,十年辛苦不寻常。"这是曹雪芹写《红楼梦》时的辛酸。莫尔斯发明电报也耗费了十年心血!他牺牲了锦绣的艺术前程,抛弃了教授的舒适生活,把自己的全部精力和智慧都倾注到了电报机上。可是,就在离最后成功只差一步的时候,他被迫停止了,他们的实验中断了。实际上,电报机的研究已经完成,现在需要的是实践检验,是向社会宣布成果。

维尔也受到很大的打击。几年间,这位天才的青年发明家不计名利,不要报酬,全身心地投入到莫尔斯的电报发明中。他贡献了自己的聪明才智,耗费了大量心血,眼看离成功只差一步,最后却功亏一篑。维尔沮丧地离开了莫尔斯和实验室,回到莫里斯镇,继续在父亲的斯皮德韦尔炼铁厂当技师。分手的时候,维尔深情地望着画家,许久才说出一句话来:"先生保重!"

在之后的一年里,莫尔斯贫病交加。他又和颜料、线条打上了交道,因为除了绘画,他没有别的谋生手段。但是因为长久不画画,笔墨生疏,他的作品无人问津,莫尔斯挣扎在饥饿边缘。

伟大的时刻
weidadeshike

但是,技术的进步是阻挡不住的。凡是为人类造福的发明必将受到历史的尊重。终于有一天,奇迹发生了。

早春的一天,莫尔斯正在吃早餐,一位妙龄女子登门拜访。她的名字叫安

妮·埃利斯沃尔特,是专利员埃利斯沃尔特的女儿。安妮头戴绣边软帽,模样俊秀,落落大方。她和莫尔斯握手时,脸上洋溢着喜悦。

"莫尔斯教授,我是来向您报喜的!"她说。

"哦!喜从何来?"莫尔斯诧异地问。

"您的电报提案在参议院通过了,我是第一时间赶来向您祝贺的!"安妮兴奋地说。

"这是真的吗?"莫尔斯半信半疑,简直不敢相信自己的耳朵。

"是我爸爸亲口告诉我的。"安妮证实道。

安妮的那位专利员父亲利用自己的影响力和威望,为促成提案通过起了重要作用。他不仅为发明家莫尔斯本人,也为美国和全世界做了一件大好事。

正在这时,门铃响了。莫尔斯打开门,一位身穿制服的邮差送来一封束着朱红绸带的公函。莫尔斯用微微颤抖的手拆开,一行醒目的字映入眼帘:

"塞缪尔·莫尔斯先生,我们荣幸地通知你,参议院已经通过关于修建电报实验线路的拨款提案……"果然是喜从天降。有关电报的议案被重新提交参议院讨论,在埃利斯沃尔特和科学界舆论的影响下,议案最终以 89 比 83 的微弱多数获得通过!这一天是 1843 年 2 月 23 日。

莫尔斯又惊又喜,再三拜托安妮回去后向埃利斯沃尔特先生致谢。

安妮答应莫尔斯,待到华盛顿至巴尔的摩间的电报线路开通时,她将参加第一份电报的传送仪式。莫尔斯高兴地说:"到时候你一定要来哟。"

"一言为定!"安妮和莫尔斯击掌为约。

莫尔斯这时身无分文,他立即给已经改行的维尔写了封信,又到一个过去跟他学过美术的学生那里借了 50 美元,买了一套新衣服,然后赶到华盛顿。不久,维尔也兴冲冲地赶来。两位战友在首都华盛顿重逢,不禁百感交集。

伟大的事业终于展现在眼前,他们经历了多少坎坷啊!在莫尔斯的领导下,从华盛顿到巴尔的摩的电报线路开始动工兴建,用了一年多的时间就完成了。

1844 年 5 月 24 日,人类通信史上的庄严时刻到来了。这一天,华盛顿沉浸在节日般的气氛中。在国会大厦联邦最高法院会议厅里,莫尔斯向应邀前来的几位科学家、政府要员介绍了实验原理,维尔等候在 64 千米外的巴尔的摩接收端。大厅外面观众云集,人们怀着极大的兴趣来观看"用导线传递消息"的奇迹。

几年前嘲讽过莫尔斯的那两个人也赶来了,他们万万没有想到"丑小鸭"会飞上蓝天,变成人人赞美的"白天鹅"。

在预定的时间,莫尔斯接通电报机,用激动得直发抖的手向巴尔的摩发出人类历史上真正意义的第一份电报:"上帝创造了何等的奇迹!"随着一连串嘀嘀嗒嗒声的响起,电文通过电线传到 64 千米外的巴尔的摩,维尔接收到了电文,并准确无误地译出来。实验成功了,人类的通信史揭开了新的一页!

安妮如约前来,亲眼目睹了这一历史性的时刻。她是和父亲埃利斯沃尔特一起出席的。这份名垂千古的电报,就是安妮口授的,电文内容是《圣经》里的一句话。英文原文为:"What has God wrought!"在中国基督教两会出版的《中英对照圣经》里,

莫尔斯正在拍发世界上第一份电报

译作"神为他行了何等的大事"。相比之下,译作"上帝创造了何等的奇迹",应该更为贴切,也更精彩。

就在实验成功的第二天,即5月25日,华盛顿记者用莫尔斯电报机发给《鲍尔齐莫亚爱国者报》主编一份电报,这是世界上第一份新闻电报。电报的内容是:"一小时前,关于俄勒冈议案应提交给会议全体人员的动议被否决。赞成者79票,反对者86票。"

5月31日,在第一份电报取得巨大成功的7天后,莫尔斯在给弟弟西德尼的信中兴奋地写道:"实验获得了成功,我非常高兴。连从前的反对者也承认'这是一个惊人的发明'。上帝创造了何等的奇迹!——此时此刻,有什么语言能够比这句虔诚的赞颂更合适呢?一个从梦想起飞的发明,曾经受到那么多怀疑,最后终于战胜了障碍,变成了现实。舆论的轰动,大众的赞美,点燃了我内心的骄傲,但我不能因此冲昏头脑。我会始终怀着虔诚和敬畏之心,继续努力攀登。"

1963年8月23日,美国总统肯尼迪和尼日利亚总理进行通话,在结束时就引用了莫尔斯第一份电报的报文"上帝创造了何等的奇迹"。这也是通过卫星通信的第一次电话会话,时间距1844年刚好过了120年。

莫尔斯电报因为使用了电报编码,具有简洁、快速和经济实用的特点,比其他人发明的电报优越得多。莫尔斯的发明很快便风靡整个美国。而后,在英国和欧洲其他国家也引起了轰动。1844年5月24日成了国际公认的电报发明日。英国人通过五针电报机领略过电报的种种优点,很快就选择了更具实

第一份电报纸带原件局部(现存美国国会图书馆)

用性的莫尔斯电报。五针电报机最终黯然退场,惠斯通和库克已风光不再。虽然在 1845 年,五针电报机在伦敦因为成功通缉一个杀人犯而引起轰动,但这只是回光返照,已无法动摇莫尔斯电报机的优势。

莫尔斯的发明很快风行全球。莫尔斯电报机经过许多改进,被迅速推广应用。从此以后,战争的爆发、和约的缔结、股市的涨跌、总统的选举……各种消息都通过电报而得到迅速的传递。

正如奥地利著名作家茨威格在《人类群星闪耀时》里赞叹的:

电,这个赫克勒斯,当它在摇篮时就已推翻了迄今为止的一切定律,破坏了一切行之有效的标准。我们这些后来者永远无法体验到当时的那代人对电报的最初效果所产生的惊奇心情。正是这种小小的几乎无法感觉到的电火花——它昨天还只能在莱顿瓶里发出劈劈啪

1871 年伦敦电报总局

啪的声音,产生手指节骨那样一英寸长的电火花,如今一下子获得了巨大魔力,能越过陆地、高山和所有大洲。这使人们惊愕不已,不胜振奋……近代史上没有哪个日期能与电报的发明带来的划时代影响相比拟。

☆ 功 勋
gongxun

莫尔斯发明电报到现在,一百多年过去了。这期间电信技术不断刷新,世界发生了巨大的变化。但是莫尔斯在科学道路上不怕困难、披荆斩棘的精神,却永远值得我们学习。他41岁改行,半路出家,面对许多专家都没有攻克的难关,没有惧色,最终有志者事竟成!这不禁使人想到马克思的名言:"在科学上没有平坦的大路,只有不畏艰险沿着陡峭山路攀登的人,才有希望到达光辉的顶点。"

莫尔斯获得成功的原因,能给后人很多启发。

首先,有一个伟大的理想一直鼓舞着莫尔斯,那就是利用神奇的电传递信息,造福人类。这个目标很明确。正如莫尔斯在科学笔记里写的:"电流是神速的,如果它能够不停顿地走十英里,我就让它走遍全世界。"他的一切努力,都是为了实现这个目标。论科学素养和电学知识,莫尔斯不及约瑟夫·亨利,甚至可以说在电学上他只是亨利的学生。但是亨利没有想到用电来进行通信,他虽然最早实现了近距离的电信号传递,却只用来向老婆通知吃饭时间,亨利因此与发明电报擦肩而过。这说明有目标和没有目标大不一样。

第二,莫尔斯具有百折不挠的精神。从他在写生本上端端正正地写下"电报"这个词，立志要完成用电传递信息的伟大使命起，历尽艰辛，屡遭挫折，真是"十年辛苦不寻常"。莫尔斯不怕失败，不怕讥笑，从来没有退缩过。只要有一次他打了退堂鼓，人类发明电报的历史就要改写。最后，他终于感动了"上帝"，创造了人间奇迹！

莫尔斯和他的电报机

第三，莫尔斯电码的创意——这一设计思想的突破，也是获得成功的关键。可以说，莫尔斯电码是莫尔斯电报的灵魂。莫尔斯之前的所有电报发明家，都没有想到用编码来传递信号。英国人惠斯通和库克设计的五针电报机，制作技术高超（像钟表一样精致），创意也很巧妙——将五根磁针排列在一个菱形刻度盘的中心线上，发报人用电信号控制其中任意两根磁针的偏转，就能指向交叉点上的特定字母。但惠斯通和库克的这种机械式电报机由于设计思路的先天局限，不仅传递速度慢，而且存在字母的盲点（只能显示 20 个字母），所以最终被莫尔斯电报机所淘汰。

第四，成功的商业化运作，这也是莫尔斯获得成功不可缺少的条件。任何技术发明只有投入使用，变成商品，才具有生命力，才能造福人类。爱迪生发明电灯，马可尼发明无线电，也都是这样。莫尔斯发明电报机后，很快申请了美国专利，获得了发明优先权和利益的保障。为了把自己的发明进一步开发成实用产品，他不遗余力地四处游说，筹集资金，争取国会的拨款。在华盛顿到巴尔的摩间的电报实验成功后，他于 1848 年筹建了私人股份公司，1850 年又筹建了电报公司，对电报的发展和普及作出了重大贡献。

历史记下了塞缪尔·莫尔斯的功勋，也没有忘记杰克逊的名字——他不愧

是一位杰出的科普宣传家。这个热心的青年学者虽然没有发明电报,却点燃了莫尔斯心中的火种。说起来也真有趣,一个医生鼓动一个画家发明了电报!这个发明史上最富有戏剧性的事件,是颇耐人寻味的。

杰克逊并不是电学专业的研究者,但他对电学的最新技术感觉敏锐,判断准确,有所预见。尽管他只是一个业余爱好者,他的科普讲座却是高水平的。他点燃了莫尔斯心中的发明之火,靠的并不是狂热,而是科学。他自己为电的新发明所触动,又积极地宣传这种新发明,星星之火终于成了燎原之势。这就是科普引路的伟大作用。

电报的发明是整个人类智慧的结晶,还有多少无名英雄付出了毕生的劳动啊!这里特别需要记上一笔的,就是阿尔弗雷德·维尔。他是莫尔斯的合伙人、天才的搭档、尽职的助理,也是共患难的战友。在莫尔斯电报的发明中,他作出过重大贡献。可是在相当长的一段时间里,维尔对发明电报作出的功劳却被人们忽略了。

在华盛顿到巴尔的摩间历史性的电报实验中,维尔负责在巴尔的摩接收信号,当他译出"上帝创造了何等的奇迹"电文时,已是热泪盈眶。

四年之后,维尔离开了莫尔斯团队,退休回到莫里斯镇。这时维尔已 41 岁。据说他准备开一家生产电信器材的工厂,但后来并没有实现。

没有资料显示,维尔为什么会与莫尔斯分道扬镳。也许是电报发明已大功告成,他决定急流勇退;也许是在莫尔斯成功的花团锦簇包围中,他感到了一种失落。因为有协议在先,维尔为电报发明所做的工作和取得的成绩,都挂在莫尔斯的名下。维尔付出了很多,得到的回报却很少,他活在莫尔斯英名的阴影之中。1859 年 1 月 18 日,维尔死于贫困,终年仅 52 岁。因为他与莫尔斯合作协议的条款规定,所有的专利将用莫尔斯的名字,很难准确判断维尔在电报发明中究竟有多少功绩,这不能不说是个遗憾。

一位美国作家在《美国电报发明史》一书中感叹道："电报历史学家们都很想推测清楚，维尔到底对电报的发明贡献了多少，可是却无从下手。因为维尔签的协议规定任何他发明的东西都冠以莫尔斯的名字，专利文件上也只有莫尔斯的名字。然而维尔显然是贡献巨大，全部设备都重新设计、造成专业式样，而且大多数新概念也都是维尔的……"

笔者的老友、旅居美国的著名科普作家甘本祓在《生活在电波之中》一书中也认为，莫尔斯电码"真正的发明人是阿尔弗雷德·维尔。但莫尔斯却称得上是有如痴热情的新事物'业余爱好者'。他原本是个美国画家，只是在由欧洲返美的船上听人讲了'神奇'的电磁现象，就迷上了这一行，'投笔从戎'来搞电报机，但他在技术上终究差一点，因此与技术高明的维尔签了协议，协助他工作。维尔设计出了这种编码方案，并同意莫尔斯把它放在他所申请的专利中，于是就有了'莫尔斯电码'这个名称了。"

至于如何评论这桩电报发明的公案，甘本祓先生从硅谷来信说："我看了一些美国的少儿读物，大多只正面叙述莫尔斯对发明电报机是如何热情、努力和执着，开创了电信的新纪元，几乎不提争执之事。这从法律、习惯、教育上都说得通。其实，对后人而言，关键是有人，而且是美国人在一百多年前发明了电报机，这就足够了。"

我很赞成甘本祓先生的观点。无论莫尔斯也好，维尔也好，亨利也好，他们对电报发明都作出了伟大的贡献，人们会永远怀着崇敬之情纪念他们。

1858 年，法国、奥地利、比利时、荷兰、俄罗斯、瑞典、土耳其等欧洲十国政府联合奖励莫尔斯一笔 40 万法郎的奖金（当时相当于 8 万美元），以感谢他的发明给世界带来的恩惠。在莫尔斯晚年的一张照片中，他的胸前缀满了勋章，都是各国皇室或政府颁发的，以表示对发明家的尊敬。在莫尔斯垂暮之年，根据万国电报联盟的签名捐赠，在纽约市中央公园为他塑了一座全身

塑像,这是巨大的荣誉。塑像中的莫尔斯,左手扶着电报机模型,右手执电报纸带,目光眺望着远方。

1872 年 4 月 2 日,莫尔斯在纽约去世,享年 81 岁。

电报的发明,实现了用电来传递信息,这是人类通信史上的一次巨大的飞跃。莫尔斯的英名永载史册。

晚年的莫尔斯

位于纽约中央公园的莫尔斯塑像

KEXUE JUREN DE GUSHI

人类通信新纪元

第一条大西洋海底电缆
diyitiaodaxiyanghaididianlan

莫尔斯发明电报以后不到 20 年,电报这种新型通信方式已经在世界上流行起来。当时无线电还没有发明,莫尔斯电报只能进行有线传送,只能在陆地上使用,称为陆地电报。随着资本主义的发展,英国和欧洲大陆以及欧美两地之间传统的利用邮船通信的方式,已经远远不能满足需要,于是制造和铺设海底电缆成了最迫切的任务。

1850 年 8 月 28 日,在英法之间的多佛尔海峡铺设了最早的海底电缆。这条海底电缆北起英国的索兰海角(Cape Souther-land),南至法国的格里斯－奈兹海角(Cape Gris-Nez),全长约 30 千米,是由英国工程师雅各布·布雷特兄弟俩使用"巨人号"拖船铺设的。富有戏剧性的是,电缆铺成后只发了几份电报就中断了。原因是有个法国渔夫以为自己找到了海鳗,用拖网钩起了一段电缆并且截下一节,得意地向别人夸耀说那是一种稀少的"海草"标本,里面裹满了金子。当时的海底电缆没有铠装保护层,所以比较脆弱。

1851 年 11 月 13 日,雅各布·布雷特兄弟开始了第二次海底电缆铺设,终于获得成功。从此沟通了英国和欧洲大陆的电报通信,开创了国际电报通信的新篇章。

不过,多佛尔海峡的海底电缆比较短。要制造和铺设几千千米长的海底电缆,工程就艰巨多了,因为有很多理论上和技术上的问题需要解决。

1854 年,一个叫克拉克的科技人员发现了信号延迟现象,也就是信号通过海底电缆的时候,收报时间要比发报时间滞后一些,他解释不了这种现象。

英国格拉斯哥大学教授威廉·汤姆生知道这件事后,怀着极大的兴趣进行了研究。汤姆生意识到这是铺设长距离海底电缆成败的关键。因为电缆越长，信号延迟时间也越长，而且衰减和失真（从脉冲波变成钟形波）也就越厉害，甚至会导致不能正常传递电报。经过一年的研究，汤姆生提出了关于海底电缆信号传递衰减的理论，解决了铺设长距离海底电缆的重大理论问题。这使他成为海底电缆工程的奠基人。这时汤姆生刚31岁。一个有趣的巧合是，后来麦克斯韦提出电磁理论时也是31岁，赫兹证实电磁波的存在也是31岁。

1855年，汤姆生发表了关于信号传输理论的论文。文中系统地分析了海底电缆信号的衰减原因，指出由于海水是导体，包着绝缘层的海底电缆同海水组成了一个电容器，这就使信号传递有个充放电的过渡过程。如果增大铜线截面面积来减小电阻，加厚绝缘层来减小分布电容，即使使用小电流，也能使信号的延滞降低到最小限度。这个理论成了后来设计海底电缆通信工程的重要理论根据。

1856年，为了铺设连接美洲和欧洲的大西洋海底电缆，大西洋海底电缆公司在英国正式成立，投入资本总额为35万英镑。由于海底电缆在当时是一桩科技奇迹，吸引了很多人参股。35万英镑的原始股，几天之内就被认购一空。认购股份者的名单中有不少名人，包括著名作家萨克雷（《名利场》的作者）、拜伦夫人等。这表明公众对海底电缆项目的巨大热情。美国实业家赛勒斯·韦斯特·费尔特（1819—1892）是这项工程的主要发起人，担任总经理。莫尔斯被聘请为顾问。

按照公司章程的规定，公司董事由各个地区的股东选定，在股东还没有分到百分之十的红利以前，董事没有薪金。苏格兰的股东选聘汤姆生当董事，汤姆生欣然同意了。一个人把工作当成了事业，他是不会计较报酬的。汤姆生盼望的是把自己的理论拿到实践中去应用，在第一条大西洋海底电缆的工程中显威力。本来，凭学识和才能，让汤姆生担任大西洋海底电缆工程的电气工程

威廉·汤姆生

师是最合适不过的。可是,因为他在所有的董事中最年轻,起初没有得到重用。公司任命一个名叫华特霍斯的人担任电气工程师。华特霍斯对电学并不精通,是靠关系上去的。如果他能虚心听取汤姆生的意见倒也没有什么,但是他喜欢独断专行,瞎指挥。汤姆生只是一个普通的董事,既无职又无权,他提出的技术上的好些建议都被华特霍斯随意否定了。

还有一件糟糕的事情,就是工程启动以后,却发现公司筹委会早就把电缆说明书交给了承办厂商,而且电缆已经开始生产了。那份说明书是华特霍斯凭着主观想象搞的。汤姆生和总工程师博拉特发现,说明书上的电缆直径比理论要求小得多,但是要取消合同已经来不及了。因此,第一条大西洋海底电缆工程一开始就陷入混乱之中。由于当局用错了电气工程师,导致这项工程的完工起码推迟了三年。

为了寻找补救的办法,汤姆生带着学生专门对铜的电阻率进行研究。多亏他在格拉斯哥大学建立的物理实验室,给研究提供了很大的方便。汤姆生希望,在没有办法增大铜线直径的情况下,能够找出提高铜线导电率的方法。他们把当时市场上的各种铜线都买回来作了测试,发现它们的电阻率差别很大,而且只要在铜里加入微量的特定物质,就可以使铜的电阻率减小很多。根据设计,第一条大西洋海底电缆要用1200段铜线焊接起来,每段铜线长约三千米,如果各段铜线的电阻率不一样,就会使整个电缆的电阻率相差很大。汤姆生及时解决了这个问题,对电缆铜材的规格提出严格的要求,并总结出一套实用的测量方法,为制造出合格的电缆提供了保障。

不料,当青年物理学家汤姆生把研究结果写成报告交给公司的时候,却遭到了华特霍斯的反对。这个顶头上司硬说自己的设计没有错,还指责汤姆生好高骛远。承办厂商也附和专横的电气工程师,说汤姆生规定的铜材标准太高,没有办法达到。事情关系到公司的命运,在总经理费尔特的支持下,董事会召开联席会议进行辩论。汤姆生当场列举了通过实验得出的大量事实来说明自己的主张。最后,他的意见被采纳了,厂商不得不按照新的技术标准签订合同。

1857 年,电缆终于造好了。茨威格形容道:"为了说明这项工程的巨大规模,这样的比方是最形象不过了:绕在电缆里的三十六万七千英里长的单股铜铁丝可以绕地球 13 圈,如果连成一根线,能把地球和月球连接起来。自《圣经》记载通天塔以来,人类没有敢去想还有比它更宏伟的工程。"

沟通欧美大陆的第一条海底电缆就要沉放了,人们都很关心这件事。英美政府拨出两艘军舰,专门供给施工使用。英国提供的是最大的军舰"阿伽门农号";美国提供的是一艘三桅战舰"尼亚加拉号",排水量 5000 吨。电缆两头的登陆点,分别是加拿大的纽芬兰岛和英属爱尔兰岛。这两个岛,一西一东,隔着大西洋,是欧美之间相距最近的地方。

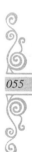

第一条大西洋海底电缆的铺设,经历了风险、灾祸和失败,整个工程真可以称得上是人类通信史上的一篇壮丽史诗。

电缆工程开始铺设的时候,电气工程师华特霍斯却借口"身体不舒服",拒绝随船出航。董事会请汤姆生来代理他的职务,虽然没有薪金,汤姆生还是答应了。不巧的是,当电缆沉放了 600 多千米的时候,在 3600 多米深的水下意外地发生了断裂,第一次沉放电缆失败了。其实就算这次沉放成功,也还存在着信号微弱、接收困难之类的问题。

汤姆生没有因为挫折就气馁。他对事故进行了分析,发现电缆断裂的原因

是由于表层机械强度不够。这个问题不难解决,关键的问题是怎样接收弱电信号。那时电子管还没有出现,没有电子放大电路,用当时通用的电报终端机不可能接收到电缆终端的信号。汤姆生下定决心:一定要抓紧时间把灵敏度更高的电报机研制出来。

汤姆生把全部精力都倾注在格拉斯哥实验室里,有很多学生给他当助手。这个年轻的物理学教授尝试了很多方案,都没有成功。1857年的秋天和冬天,汤姆生是在探索中度过的。

第二年年初,一个阳光和煦的日子,汤姆生约了几个朋友到海滨去玩,其中有赫尔姆霍茨。赫尔姆霍茨是德国著名的物理学家,在电学和热力学方面都有成就。他比汤姆生大三岁,但他很钦佩这个才华横溢的朋友。他曾经对别人说:"我站在他的身旁,常常觉得自己像一只木鸡。"这天,他们五六个人接受汤姆生的邀请来到海滨,租了一条游艇。大家兴冲冲地上了船,准备开船的时候,却发现汤姆生不在了。朋友们寻找了好一阵,都没有找到他。

赫尔姆霍茨扫兴地在甲板上来回踱步,另外几个人坐在一边聊天。后来,赫尔姆霍茨无意中向船舱里扫了一眼,发现汤姆生正躲在下面搞他的设计。汤姆生平时总是随身带着一个笔记本,一有什么新的科学设想,就立刻记下来。这天,他大约又有什么新的设想了。赫尔姆霍茨看见汤姆生丢下朋友们不管,又好气又好笑。他从衣袋里取出一面镜子对着太阳,把阳光反射到这个"逃兵"的脸上。汤姆生正在聚精会神地画着新的电报机,忽然觉得一道刺眼的亮光在眼前晃动,他抬头看见了赫尔姆霍茨的笑脸,才知道自己得罪了朋友。

这个失礼的主人正想站起来赔不是,突然望着赫尔姆霍茨手里的镜子直发呆,紧接着,他狂喜地喊了起来:"成啦!成啦!我的赫尔姆霍茨!"

朋友们还没有弄明白是怎么回事,汤姆生撒腿就跑回学校做实验去了。

原来,汤姆生正在为弱信号放大的事发愁,而在阳光下反光的镜子恰恰启发了他。镜子只要在手里稍微移动一点,远处的光点就会大幅度地跳动,这不就是一种放大嘛！根据这个原理,汤姆生后来发明了镜式电流计电报机,并且取得了专利。这种装置,高斯(1777—1855)和韦伯(1804—1891)也设计过,但是都没有达到实用水平。汤姆生发明的这种电报机,灵敏度很高,给长距离电缆通信提供了实用的终端设备。

万事俱备,只欠东风。汤姆生期待着第二次出征。

破浪向前
polangxiangqian

1858年春夏之交,大西洋海底电缆沉放工程再次启动了。华特霍斯又拒绝出海。汤姆生从大局出发,承担了代理电气工程师的工作。他没有职务,没有薪金,责任却很大。

"阿伽门农号"军舰载着电缆从北美出发,东渡大西洋。汤姆生负责船上实验室的工作。不料,军舰驶入大西洋的第二天,海上突然刮起了暴风。汤姆生他们不顾危险,一面沉放电缆,一面破浪向前。大风大浪持续了整整一个星期。近2000千米长的电缆绕在甲板上,足有200多吨重,船在风浪中颠簸得很厉害,没过多久,电缆就把甲板撞击出一个大洞,海水浸进下面的电气实验室。电缆也绞在一起,不能再顺利沉放。后来,幸亏风浪平息了,船员们才腾出手把船抢修好。"阿伽门农号"在海上搏斗了一个多月,终于在8月3日驶进爱尔兰。当时汤姆生高兴的心情,就像父亲当年得知他竞选上教授的心情一样,几乎到了狂喜的程度。

8月5日上午,电缆着陆。下午3点55分,汤姆生拍发出从欧洲到美洲的

第一份电报。五分钟以后，美洲终端清晰地收到了信号。茫茫的大西洋终于被征服了！消息传开以后，大西洋两岸的人们都欢欣鼓舞。

汤姆生为大西洋海底电缆的制造和铺设立下了特大的功勋，受到人们的热烈赞扬。他在海上表现出的坚定和沉着，更是赢得了很多人的尊敬。但是，他所有的工作都是义务的，没有报酬。就连电流计电报机，也是他自己花钱研制的。还有，尽管他在"阿伽门农号"上是电气总指挥，但是大功告成以后，登陆上岸，他的"将印"就被华特霍斯收回去了。

狂妄自大的华特霍斯擅自决定把汤姆生的电流计电报机取下来，换上了他自己设计的终端机。可是他设计的装置，根本收不到弱电信号，整整一个星期，第一条大西洋海底电缆连一条消息都没有传递过。这个事故，使公司董事和英美两国舆论界大为惊奇。经过调查，才知道是由华特霍斯的装置引起的。公司责令他换上了汤姆生的终端装置。8月13日，大西洋海底电缆终于正式通报。但是华特霍斯只换了一部分装置，英国女王一封不到一百字的电报，竟用了16个多小时才传到纽芬兰岛，而对方拍回来的电报却只用了60多分钟，因为美洲终端一直采用的是汤姆生的装置。

在铁的事实面前，华特霍斯被撤了职，汤姆生被正式任命成为公司的电气工程师。汤姆生为人宽宏大量，他虽然取得了胜利，却没有全盘否定前任的工作，还说华特霍斯在使公众相信大西洋海底电缆可能铺成这方面，是有贡献的。

科学的道路总是不平坦的。第一条大西洋海底电缆使用一个月后，发生了严重的故障，信号变得模糊不清。又过了两个星期，电缆完全损坏，刚刚建立的横跨大西洋的通信中断了。公众的反应十分强烈，出现了各种各样的批评。汤姆生他们经过一番努力，发现是制造的电缆不合要求，绝缘层的抗腐蚀性能太差，电缆在海水里浸泡一段时间后就开始漏电，有的地方甚至完全断裂了。

大西洋海底电缆公司在第一条电缆的建造中,耗费了几十万英镑,最后还没有取得商业上的成功,不少股东开始打退堂鼓。汤姆生竭力游说,第一条海底电缆虽然寿命不长,但是证明了长距离海底通信是完全可能实现的。总经理费尔特也顽强地主张干下去。这位只比汤姆生大 5 岁的美籍负责人,在整个工程中起到了中流砥柱的作用。由于公司内部意见分歧,加上资金困难,建造海底电缆的事情耽搁了很久。后来在政府的支持下,才开始制造第二条大西洋海底电缆。

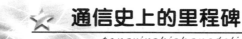

通信史上的里程碑
tongxinshishangdelichengbei

1865 年初,经过改进的第二条大西洋海底电缆制造出来了,汤姆生为它花费了不少心血。公司也吸取了第一次的教训,在制造过程中有关技术问题都先通过实验,证明可行以后再投入生产。

当年 6 月,开始铺设第二条大西洋海底电缆。五年前,汤姆生滑冰摔断左腿,成了瘸子。他行动不便,但还是参加了远航,领导施工。这次沉放电缆的"大东方号"海船,是一艘排水量 22000 多吨的巨轮,有 6 根主桅杆,三个大烟囱,船身高大雄伟,比上次的"阿伽门农号"壮观得多。

俗话说,好事多磨。人们对这次沉放电缆寄予了很大希望,想不到"大东方号"航行到大西洋中部的时候,电缆又意外折断,坠到了 4000 米的深渊,不但沉放没有成功,连老本也赔上了。几年的心血付诸东流,汤姆生和同事们异常痛心。他们乘着空船返航的时候,每个人脸上都挂着晶莹的泪花。

这次沉放工程损失惨重,公司当年暂停了工作。同行们有的幸灾乐祸,有

莫尔斯 贝尔 贝尔德

的表示惋惜。

一天傍晚，总经理费尔特到海边去散步。他远远望见汤姆生拄着拐杖，面对着大海，夕阳映照着他的全身，像一尊古铜色的雕塑。

"教授，您在想什么？"总经理走近汤姆生亲切地问。

"海底电缆！"这位从前的电气工程师凝视着大海坦率地说。

"是呀，我们已经付出了9年的代价。"费尔特感慨地说。

汤姆生转过头情绪激动地回答说："费尔特先生，只要再造出一条电缆，我保证能够成功！"

"您有把握吗？"

"我相信大西洋阻挡不住人类的进步！"

汤姆生的精神感动了费尔特。公司鼓足了勇气，决定制造第三条海底电缆。

大家又开始了紧张的奋战。

第二年春天，第三条海底电缆终于制成了。

1866年4月，"大东方号"再次启航，还是由汤姆生担任电气工程师，主持第四次电缆沉放。有志者事竟成，这次沉放很成功。6月中旬，海底电缆的终端在爱尔兰登陆，很快就同美洲进行了通报，效果很好。永久性的大西洋海底电缆终于完成了，全部工程整整进行了10年！

公司受到这次成功的鼓舞，几个月后又派"大东方号"第三次出航，顺着第三次沉放电缆的路线去寻找丢失的电缆。总经理费尔特和汤姆生

汤姆生在"大东方号"上

两人亲自上船指挥。经过一个多月的紧张搜索，他们在大西洋中部把断裂的电缆打捞上来，然后再接上一段新电缆，一直延长到北美的纽芬兰岛。公司因祸得福，一下子拥有两条完善的横贯大西洋的海底电缆。茨威格赞叹道："现在，这两条电缆终于帮助欧洲的古老世界和美洲的新世界连接为一个共同的世界。从此时此刻起，地球仿佛在用一个心脏跳动。生活在地球上的人类能从这一边同时听到、看到、了解到地球的另一边。"

大西洋海底电缆铺设成功，建立了全球性的远距离通信。它和电报的发明一样，是人类通信史上一座新的里程碑。汤姆生因为开辟大西洋海底通信的功绩，获得了很高的荣誉。就在 1866 年，他被英国政府封为爵士，1892 年又被授予"开尔文勋爵"这个封号。

一百多年过去了，海底电缆仍旧是国际通信的一种重要手段。

据统计，到 20 世纪 80 年代英美两国之间每年的通话量达到两千万次，其中有一半以上是通过海底电缆传送的。从这里，也可以看出汤姆生当年工作的重大意义。1979 年，在英美之间铺设了一条最新的大西洋海底电缆，1983 年正式投入使用，耗资 1 亿英镑，由欧美 18 个国家分担。这条电缆铺成以后，同时可以通 4000 路电话，还可以在欧美、加拿大之间进行计算机数据和电报信息的传送。

1844 年，莫尔斯在美国首次进行了长途电报通信，人类通信史揭开了新的一页。电报从此改变了世界，成为人类沟通的主要方式。

　　当全世界都在为电报喝彩、欢呼时，波士顿一个聋哑学校的年轻教师朦胧地意识到，用电传送人的声音这个大胆的想法，比电报也许更具有挑战性，也更具有诱惑力。于是，他开始废寝忘食地进行研究。

　　1875 年，在莫尔斯发明电报 31 年后，世界上第一台电话机问世了。这台电话机的发明人，就是那位出身于语音学世家的苏格兰青年，他的名字叫亚历山大·格雷厄姆·贝尔。从语音学专家到电话发明人，贝尔究竟有着怎样鲜为人知的经历呢？

KEXUE JUREN DE GUSHI

语音学世家

爱丁堡少年

aidingbaoshaonian

1847年3月3日，贝尔出生在苏格兰的爱丁堡。爱丁堡位于苏格兰中部低地的福斯湾南岸，是英国著名的文化古城，也是苏格兰的首府。19世纪时，爱丁堡是欧洲文化、艺术和科学的中心，有"北方雅典"之称。

作为苏格兰的古都，爱丁堡有着悠久的文化艺术传统，出过不少著名的科学家、数学家、医生和作家。说起来，贝尔和"电波之父"、英国大物理学家麦克斯韦是老乡。麦克斯韦也出生于爱丁堡，不过比贝尔大16岁。贝尔呱呱落地的时候，麦克斯韦已经是在爱丁堡大学学报上发表论文的少年数学家了。此外，还有对数的发明人约翰·纳皮尔、第一个用氯仿进行麻醉的詹姆斯·辛普森医生，都是爱丁堡人。爱丁堡籍的三位作家更是大名鼎鼎：一位是《福尔摩斯探案》的作家柯南道尔；另一位是风靡全球的英国女作家J·K·罗琳，她的《哈利·波特》第一集，就是在爱丁堡的一家咖啡馆里写出来的；还有一位是经典儿童冒险故事《金银岛》的作者史蒂文生。顺便提一下，中国末代皇帝溥仪的私人教师庄士敦，也出生在爱丁堡，并且毕业于爱丁堡大学。

贝尔的出生地爱丁堡

不过,在这些爱丁堡名人中,亚历山大·格雷厄姆·贝尔却排在第一名。由此可见,贝尔的电话发明对世界的影响之大。

贝尔的父亲和祖父都是著名的语音学家。贝尔的祖父亚历山大·贝尔,年轻时在苏格兰当过制鞋工人和演员,后来在苏格兰圣安德鲁斯大学任教,讲授发声法。他是贝尔家族中第一个对发声法产生兴趣的人,语言的造诣很深。这也许与他的演员经历有关。在舞台上表演,为了让最后一排观众听清楚,演员一味地大喊大叫并不行,必须讲究发声的技巧。亚历山大·贝尔在舞台上演出时,声音洪亮,吐词清晰,可以把全场每一个观众都吸引住。

据说,有一次演出莎士比亚的名作《哈姆雷特》,亚历山大·贝尔扮演彷徨的哈姆雷特,在揭露篡夺王位的继父时,他对着母后痛苦地大喝道:"一个杀人犯,一个恶徒,一个不及你前夫二百分之一的庸奴,一个冒充国王的丑角,一个盗国窃位的扒手,从架子上偷下那顶珍贵的王冠,塞在自己的腰包里!"他的声音震撼了全场,博得满堂喝彩。在包厢里观看演出的圣安德鲁斯大学校长,被亚历山大·贝尔的表演深深打动了,特地聘请他到学校教授发声法。所谓发声法,就是演讲的艺术。因为当时没有扬声器,演讲者要做到既不太费力,又要清晰地讲话就显得非常重要。于是亚历山大·贝尔辞去了剧团的工作,到圣安德鲁斯大学当上了语音学教师。

在教学期间,亚历山大·贝尔对语言交流障碍问题产生了兴趣,尤其对口吃的研究颇有成就。后来他搬到伦敦,在那里创办了一所语言学校,担任校长和老师。

贝尔的父亲亚历山大·梅尔维尔·贝尔,是亚历山大·贝尔的二儿子,长大后继承父业,也是一位语音专家,在爱丁堡大学担任语音学教授,以矫正口吃和传授发声方法而著称。

贝尔的祖父、父亲在聋哑人中间工作过很多年,对人体发声器官的构造、

功能和人的听觉特点等都
有深入的研究。贝尔的父
亲还创造出一套借助手
势、口型来表达思想感情
的"哑语"，给聋哑人带来
很大的方便。贝尔很小的
时候就开始学习语言交流
艺术，他们在饭桌上讨论
有关的内容，例如，元音的

贝尔和父亲（左）、祖父（右）的合影

理论、辅音发音的方法等等。贝尔生活在这样的环境里，从小受到熏陶，对语音
的传递产生了浓厚的兴趣。这为他后来发明电话打下了很好的基础。

　　贝尔的母亲格雷斯温柔贤淑，她的父亲是英国皇家的一名军医。她自幼失
聪，但聪敏好学，读了很多书籍，后来成为一名美术教师，擅长画人物肖像画。
虽然母亲什么都听不见，钢琴却弹得很出色。她在家里担负起对三个儿子早
期的教育，包括语文、历史和数学，还教他们绘画、音乐等。贝尔很小的时候就
学会了用手势和简单的唇语与母亲交流。在母亲的影响下，贝尔很喜欢弹钢
琴，对诗歌和艺术的兴趣也很浓。

　　贝尔是家里的第二个儿子，名字本来叫亚历山大·贝尔，是父亲给他取的，
和他祖父的名字一样。家里人都亲切地叫他"亚历克"。贝尔的哥哥名叫梅尔维
尔·詹姆斯·贝尔，比他大两岁；弟弟爱德华·查尔斯·贝尔只比他小一岁。三兄
弟的关系亲密无间。

　　贝尔从小就表现得很有个性。有一天，父亲早年的一个学生来家里拜访。
这个年轻人名叫亚历山大·格雷厄姆，他谈吐风趣，很有亲和力。贝尔很喜欢他
的名字，为了显示自我独立，再加上两个兄弟的名字中间都有三个字，于是他

贝尔的母亲格雷斯

对父亲说,要把"格雷厄姆"加在自己的名字中。从此以后,他的大名就成了亚历山大·格雷厄姆·贝尔。当然,小名还是"亚历克"。

贝尔小时候很喜欢独自待在安静的地方沉思。他常常躺在小山上布满石子的草丛中,自由地呼吸新鲜空气,望着天空中的云彩出神,幻想着飞上蓝天。

不过,贝尔并不是神童。很多发明家在幼年时都不见得聪明过人,他们成功的秘诀在于一生勤奋。和贝尔同岁的爱迪生,刚上小学的时候每次测验成绩都是全班最差的,上了三个月,只得退学回家,由母亲亲自来教。贝尔比爱迪生也高明不了多少。1858年10月,11岁的贝尔被送到爱丁堡皇家中学上学。他在语音学方面算个小内行,可是其他功课总是跟不上。他太淘气,太贪玩,书包里常常装着麻雀、老鼠之类的小动物。有一次,老师正在讲《圣经》,老鼠钻了出来,结果教室里的同学你追我赶,秩序大乱。

祖父的教诲
zufudejiaohui

亚历山大·梅尔维尔·贝尔在大学里是一位受人尊敬的教授,在家里却是一个武断专制的父亲。他长着马克思式的大胡子,模样威风凛凛,讲话从来都是说一不二。这位父亲有点像无线电发明家马可尼的父亲,对儿子特别严厉,还有点抠门,从来不主动给儿子零用钱,除非他们一个便士一个便士地开口要,并且所有的花销都得报账。尽管贝尔很聪明,富有好奇心,在学校里他却是一个普普通通的学生。这让父亲很不满意。老亚历山大经常教训贝尔上课时应该正襟危坐,用心听讲,下课后要规规矩矩,用心背书,这样才能争当第一名。贝尔是一个有想法的孩子,他并不听从老亚历山大的说教,这导致他和父亲之间的冲突不断。

贝尔很想挣脱父亲的管制。1862 年 10 月,住在伦敦的祖父生病了,机会终于来了。贝尔主动提出要去伦敦照顾祖父,祖父也来信表示很欢迎亚历克去伦敦,父亲只好同意了。于是,年仅 15 岁的贝尔从爱丁堡乘火车南下,来到了伦敦,和祖父住在一起。贝尔后来把这件事称为自己"事业的转折点"。

就这样,贝尔来到伦敦,由亚历山大·贝尔这位语音学专家直接管教。这是个很有个性的倔老头,虽然已经 72 岁高龄,但精神矍铄,说话中气很足。他很疼爱孙子,但是要求非常严格,教起书来就像头狮子。祖父那头花白蓬乱的头发,起初令贝尔望而生畏,后来贝尔却很喜欢他。因为祖父知识渊博,简直是一部百科全书。贝尔同他生活了一年,学到不少东西。

贝尔后来回忆说,"祖父使我认识到,每个学生都应该懂得的普通功课,我却不知道,这是一种耻辱。他唤起了我努力学习的愿望。"正是这种愿望,激发贝尔踏上了探求科学真理的道路。

祖父的教诲,对贝尔有很大的影响。这位老语音学家教导孙儿说:"亚历克,15 岁已经不是小孩子了。你要学会做人,要稳重自信,做事要锲而不舍。"

"我知道了。"贝尔点点头。

贝尔的祖父

少年贝尔

祖父给贝尔买来成年人的服装，让小伙子穿上。挺括的衬衣、丝织领结，一尘不染的皮鞋，让贝尔全身上下焕然一新。祖父还特地买了一顶礼帽给他，是当时很流行的圆筒高帽。15岁的贝尔戴在头上，俨然一个年轻绅士。

"咱们的亚历克像个男子汉了！"祖父瞅着他，满意地笑道。

"真的呀！"贝尔一脸的神气。

祖父告诉他，一个有为的年轻人，不仅要注意自己的仪态和服装，更重要的是注重学识和修养。他鼓励贝尔对自己感兴趣的学科从事严谨的研究。

"只要你钻研下去，就一定会有所发现。"祖父说。

贝尔和祖父在一起的日子，非常充实和愉快。祖孙俩无话不谈，经常在一起朗读莎士比亚的作品。在祖父的熏陶下，贝尔能背诵很多剧中人物的台词，他尤其喜欢《仲夏夜之梦》里仙王吟唱的那一段：

> 这一朵紫色的小花，
> 尚留着爱神的箭疤，
> 让它那灵液的力量，
> 渗进他眸子的中央。
> 当他看见她的时光，
> 让她显出庄严妙相，

如同金星照亮天庭，

让他向她婉转求情。

……

15 岁的少年，心中朦胧地产生了爱的梦想，虽然那个"她"究竟是谁他并不知道，但那朵"紫色的小花"常常令他遐想。

贝尔常说和祖父在一起的那段时间，使他成熟了，不仅表现在思想上和智慧上，而且表现在风度举止上。他的外表看上去比实际年龄要大。这个少年老成的新形象，给贝尔带来一个意外的好处。1863 年初夏，他去应试一所寄宿学校的教师，他没有说自己才 16 岁，却被雇用了。学校里不少学生的年龄都比他大。贝尔在学校里担任音乐教师，并讲授发声法。

夏末，父亲老亚历山大来到伦敦，看到贝尔身上发生的变化，非常高兴。

"还是父亲管教有方哦！"他对自己的父亲叹服地说。

"哪里！亚历克是块璞玉，好好琢磨，将来必成大器。"亚历山大·贝尔断言道。

贝尔的父亲来到伦敦，除了探望儿子，还有一个目的，就是慕名向伦敦国王学院的查尔斯·惠斯通教授请教声学方面的问题。这位惠斯通教授，就是和库克一起发明电报的那位大名鼎鼎的物理学家。1837 年惠斯通教授和库克发明了五针电报机，并取得第一个电报专利。同年，他们又铺设了不到两千米长的演示线路。五针电报机很快被应用在铁路信号传送上，在英国轰动一时。

这天，老亚历山大去伦敦国王学院拜访查尔斯·惠斯通教授，他带着儿子贝尔同行。这次经历对贝尔产生了深远的影响。

惠斯通不仅是一位著名的发明家，还是一位造诣很深的声学家。惠斯通 14 岁时就到伦敦当学徒，学习乐器制造。21 岁便在伦敦开店制造乐器，同时还对声音的传播、振动等进行了一系列实验研究。他在研究过程中不仅发明了新

乐器,同时还用乐器来展示声音的振动、传播等现象。早在 1821 年,惠斯通就公开演示了由一根金属丝传递远处钢琴的振动使七弦竖琴发声的现象。

惠斯通教授曾经发明了一种新奇的"说话机器"。这是一种简单的通话器,可以模拟人的声音。惠斯通教授向登门拜访的贝尔父子演示了这台老式机器的操作,并毫不保留地提供了图纸。

贝尔对惠斯通的机器非常着迷, 他的两眼闪闪发光。也许发明电话的梦想,就是在这一刻得到灵感的。惠斯通看出贝尔比他的父亲对新发明更专注、更痴迷,不禁露出会心的微笑。

☆ 根深叶茂
genshenyemao

贝尔在伦敦待了一年时间,1863 年 10 月随父亲回到故乡爱丁堡。

贝尔很快就表现出搞发明创造的热情。他对惠斯通模拟人声的机器非常着迷,于是动员两个兄弟一起动手做出一台说话机器,实际上是一个简单的发音器。他们把一根粗金属管固定在木盒子里,在金属管四周塞满棉花,然后调整嘴形对着金属管吹气,它就会发出可以辨认的"妈妈"声。采用粗细不同的金属管做实验,发出的音调各不相同。这个实验让贝尔明白了发声的原理。

贝尔的发明热情,还表现在其他方面。当时,他们居住的乡下有一座磨坊,用一个笨重的老式水磨磨面,平时由一个小伙子操作。后来,那个小伙子应征当兵去了,就由一个孤身老人来磨面。每逢天旱水小,水车停转,水磨就不能磨面,老人只好饿肚子了。贝尔看到这种情况,很同情老人,于是约了一群少年伙伴来帮忙推磨。起初,大家都觉得有意思,但是过了几天,很多人都不干了。最后，只剩下贝尔一个人艰难地推动水磨。贝尔回到家里，每天躲在父亲的书房里翻阅图书资料。经过一个月的反复琢磨，他居然设计出一幅改良水磨的草图。几个工匠师傅看了都称赞不已。草图画得不算好，但是原理很巧妙。贝尔提出改造水磨的臼齿结构，同现在轴承的原理有些相像。按照草图改制的水磨，连小孩子都能推得动。这样一来，不但磨坊老人摆脱了困境，全村磨面也方便多了。消息传出去以后，邻近村镇的人都赶来仿造。当时贝尔只有十六岁，一下子就成了同伴们心目中的英雄。

在同伴们的拥护下，贝尔组织了一个少年技术协会，还制订了会章，要求每个会员负责一门自己感兴趣的学科，每周讲演一次，讲各人研究的成绩。贝尔把哥哥梅尔维尔和弟弟爱德华也拉了进来，三兄弟成了协会的骨干力量。贝尔负责语音学和生物解剖学。父亲书房顶上的阁楼，成了他们的"讲演厅"。这群少年通过活动增长了知识，也闹了不少笑话。一天，有个会员在路边发现了一头死小猪，心想大家平时研究的不外乎青蛙、甲虫之类的东西，这次要是用猪来做实验，一定更有趣，于是他把死猪一直拖到了阁楼上。

贝尔见到小猪，如获至宝，当着全体会员开始讲演起来。他把猪的生理特点说完以后，就动手解剖。不料，这头猪已经死了好几天，内脏腐烂了，顿时臭气冲天。会员们一个个都捂着鼻子跑了。贝尔却面不改色，一个人坚持把猪解剖完。

1864 年，贝尔的父亲总结自己一生的工作，发明了一套代表人类发音的符号系统。用这些符号可以表示嘴唇与舌头如何配合发出特定的声音，他把这个成就命名为"可视语音"。按照他的符号系统，任何语音都可以写出来，其他人拿着这张纸，可以把这些符号精确地复述出来。

父亲让贝尔做助手，帮助他向公众展示这套符号系统。贝尔走到房间外面，请观众发出各种声音，诸如打喷嚏、咳嗽或者哼哼哈哈等，他把这些声音用父亲发明的符号记录下来。然后贝尔走进房间，根据记录的符号丝毫不差地重

复观众刚才的声音。观众们大为惊奇,都称赞这套系统确实很奇妙。

第二年,贝尔进入爱丁堡大学深造。这所大学是英国北部的重要学府,有不少著名学者在这里读过书,比如麦克斯韦和达尔文等。贝尔受父亲和祖父的影响,选择了语音学作为自己的专业,他的出发点是想帮助聋哑人摆脱痛苦。贝尔研究语音学最后竟导致他发明了电话,这是贝尔父子当初没有预料到的。

在爱丁堡大学,贝尔系统地分析和研究了人的语音、人的发声机理和声波振动原理这一类专业知识。语音学是一门很复杂的学问,直到20世纪上半叶才有成熟的理论。贝尔把所学的理论和父亲的实践经验结合起来,进步很快。

1867年,20岁的贝尔从爱丁堡大学毕业。为了继续深造,他又进入伦敦大学,还是攻读语音学。他整天忙着做实验,研究语音学,还想教书。

就在这时,贝尔的家里发生了一件不幸的事:他的弟弟爱德华患肺病去世了。贝尔在日记里悲痛地写道:"今天凌晨3时50分,爱德华离开了我们。他才

贝尔的父亲亚历山大·梅尔维尔·贝尔　　　　　　父亲发明的可视语音

18 岁零 8 个月大啊！"想不到
的是，两年之后贝尔的哥哥梅
尔维尔也死于同样的病症。那
时肺病在英伦三岛很猖獗，几
乎像今天的癌症一样可怕。贝
尔的父亲接连失去两个儿子，
心有余悸。他把病因归结到英
国阴冷潮湿的气候上，于是决
定离开爱丁堡这个伤心之地。

贝尔一家（后排左为贝尔、中为哥哥、右为弟弟）

1870 年 7 月 21 日，老亚历山大带着全家从利物浦港启程，远渡重洋前往
加拿大。8 月 1 日，贝尔一家抵达魁北克城。老亚历山大在安大略省布兰特福
德镇买下一个占地 60 亩的农场，包括一个果园。主楼是一幢两层的白色建筑，
房子很大。附属建筑有马车房和鸡舍。果园里种满了苹果树和梨树。布兰特福
德镇是个偏僻小镇，和国际大都会伦敦有着天壤之别。贝尔并不愿意搬家，但
他现在成了家里唯一的儿子，只能服从父母亲的决定。刚搬到北美时，贝尔的
情绪低落，心里很郁闷。

有一次，贝尔坐在岸边俯视着河面，父亲走到他身边问道："亚历克，你在
想什么？"

贝尔回答道："我想世界末日到了！"

不过，没过多久，贝尔的心情就渐渐好转。布兰特福德镇离尼亚加拉大瀑
布很近，这里的环境幽美，空气清新，很适合人类居住；而且离美国近在咫尺，
站在尼亚加拉大瀑布岸上眺望，美国的瀑布城就在眼前。贝尔很快就适应了新
环境。

事实上，这次迁居对贝尔一生的事业具有重要意义。当时美国正在进行工

业革命,为发明创造提供了很好的条件。爱迪生的上千项发明和贝尔的电话,都是那个时代的产物。

年轻的贝尔到了加拿大以后,继续研究语音学,还在一所中学里教语言课。由于他才华出众,很快就引起了专家们的重视。

这时,贝尔的父亲已经成为北美闻名的语音问题专家。父子两人经常被邀请到各地去演讲。贝尔也精通专业知识,少年时就有演说的经验,演讲起来一点也不比父亲逊色,很受听众欢迎。贝尔父子的名声很快传遍了大西洋西岸。

俗话说,根深叶茂。贝尔从小就对人类的语音有兴趣,后来又进行了好多年的研究,因此他具有很丰富的语音学知识。当时,想发明电话的人很多,只有贝尔捷足先登,这不是偶然的。

当时,莫尔斯发明的电报已被广泛应用,成了一种新兴的通信工具。不过,电报只能传递电码,有一定的局限性。能不能再发展一步,用电流直接传递人的语音呢?这个问题引起了很多发明家、科学家的兴趣。人们苦思冥想,进行了20多年的探索,都没有成功,因为发明电话要比发明电报困难得多。用电线传递电码,只要按规定截止、导通就行,可是语音是声波的振动,它怎样从导线上传送呢?几年来,贝尔一直在探索这个奇妙的问题。他家从祖辈起就研究语音,语音学是他的专业,对他来说,发明电话不只是美好的理想,也是一种义不容辞的责任。他担负起了时代的使命。

位于布兰特福德镇贝尔的新家

KEXUE JUREN DE GUSHI

使　命

★ 为聋哑儿童上课

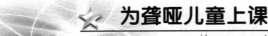
weilongyaertongshangke

　　贝尔的父亲老亚历山大1868年曾经到北美巡回演示他的可视语音，取得了巨大成功。比起英国人，美国人对可视语音更感兴趣。当时有一位名叫萨拉·富勒的女教师听了他的讲座，受到启发，第二年在波士顿开办了一所聋哑学校。萨拉·富勒出生于美国马萨诸塞州一个农场主家庭，19岁开始当老师，是一位很敬业的女性。

　　贝尔一家移民到布兰特福德镇后，老亚历山大访问了许多城市，继续推介他的可视语音教学法，以寻求新的发展。当老亚历山大来到波士顿时，萨拉·富勒闻讯后特地找到他。富勒小姐对他说，希望在波士顿聋哑学校采用可视语音教学法。老亚历山大在给家里的信中，谈到了这件事。贝尔读了信，怦然心动，立即写信给父亲，表示很愿意担任这个职位。

　　贝尔在信中写道："如果父亲能为我在这个知名机构谋得一个职位讲授可视语音，我个人是十分乐意的，即便没有报酬也没关系。"

　　从父亲的角度上说，他希望唯一幸存的儿子能跟随左右，接自己的班。但是老亚历山大最后想通了，亚历克有他自己的世界，要去实现他自己的梦想，于是，他同意了儿子的请求。

开始教学演讲的青年贝尔

1871年春天,贝尔离开布兰特福德镇,乘火车来到波士顿,接受了聋哑学校的工作,每个学期工资500美元。

波士顿位于美国东北部大西洋沿岸,紧邻纽约,建于1630年,是美国历史最悠久的文化名城,也是美国马萨诸塞州的首府和最大的城市。1871年贝尔来到波士顿时,这里已是重要的航运港口和商贸中心。波士顿还有当时美国最大的图书馆。世界闻名的哈佛大学、麻省理工学院,也在这里。

19世纪的波士顿

对贝尔这样一个胸怀理想、渴望进取的年轻人来说,波士顿是一个充满机遇的理想天地,他很快就适应了新环境。走在波士顿的大街上,贝尔的眼里充满了阳光。空气污浊的伦敦终于成为遥远的记忆。

波士顿成了贝尔事业的发祥地,也是他一生命运的转折点。贝尔终于脱离了父亲的羽翼,展开翅膀,在自己的天空飞翔。

贝尔利用父亲的可视语音,再结合自己的想法,在语音教学方面取得了很大成功。对聋哑儿童进行教学,当时采用的是传统的方法,即手语。它以手指符号拼出单词来表达意思。这种方法是用手势比画动作,根据手势的变化模拟形象或者音节以构成一定意思或词语。手语的种类很多,但最常用的一种是在18世纪由法国聋哑教育家德雷佩神父创造的。手语使聋哑人能够相互交流,

成为他们主要的交流工具。

但是贝尔觉得,聋哑人只通过手语进行交流,存在着很大的局限性。这样一来,他们永远都被禁锢在无声世界中。贝尔认为父亲发明的可视语音是对手语的一大改进。用这种方法,通过教聋哑人表述元音和辅音,他们就能和有正常听力的人进行交谈。也就是说,如果他们有正常人的智力,就能学会说话,这样,他们就能回到有声世界中。贝尔还主张,聋哑儿童应该和正常的孩子一起上学,这样他们就可以和正常孩子交流,更好地融入社会。

在波士顿聋哑学校,贝尔采用改进的可视语音教学体系进行教学,取得了很大的成功。贝尔细心地向孩子们解释发声的原理,比如,振动是如何产生声波的,声波又是如何在有正常听力的人耳膜上产生振动的。他让孩子们拿着一只气球,并用嘴唇贴着气球说话,这样他们就能感觉到振动。他又将孩子们的手放在自己的喉部,让他们感觉他发出不同声音时声带的振动。就这样,孩子们学会了分辨许多相似的声音,如"普"和"不","斯"和"兹"。

那些从来没有听到过声音的孩子,发现自己竟然也能发声说话,表达自己的心声。而那些孩子的家长曾经担心他们永远都是哑巴了。这简直是个奇迹!

也许因为母亲是一个失聪者,贝尔从小就体会到语音和听力障碍给人带来的痛苦,他对聋哑儿童充满了爱心。贝尔在给家里的信中写道:"我的感情和同情心正一天天地被唤起,看看这些孩子不得不面对如此巨大的困难,我真为他们感到心痛。"正因为如此,每当有一个聋哑儿童学会了说话,都会使贝尔欣喜若狂。学生们也非常喜欢他。

贝尔的可视语音教学法,在波士顿聋哑学校取得了巨大成功。他的名声不胫而走,很快传出了波士顿。后来,这套可视语音教学系统在北美被制定为指导聋哑儿童说话的标准方法。

波士顿聋哑学校合影（摄于 1871 年 6 月，最后一排右为贝尔）

    1873 年，26 岁的贝尔接受聘请，担任了美国波士顿大学的语音学教授。这是对他在聋哑学校的教学成就的充分认可。年轻的贝尔教授很快被公认为北美的语音专家。老亚历山大看见儿子取得的成就，感到莫大的慰藉。

    不少有听力障碍的孩子家长，慕名前来找贝尔求助。在教学之余，贝尔为几个聋哑儿童充当家庭教师。其中两个学生后来因此而改变了一生的命运。一个是乔治·桑德斯，先天性聋哑儿；另一个是 15 岁的少女梅布尔·哈伯德，5 岁时因为患猩红热而失聪。

    乔治·桑德斯的父亲托马斯·桑德斯是一个富商，家里很有钱。他安排乔治·桑德斯和乳母搬到贝尔住所的附近居住，这样学习就比较方便。经过一年的辅导和帮助，乔治·桑德斯逐渐能够阅读和发音。托马斯·桑德斯对贝尔的教学非常满意，请他继续做家教。

乔治·桑德斯

梅布尔·哈伯德的父亲加德纳·哈伯德是一位律师,同时还是一位成功的实业家,他投资新兴的铁路建设、水和煤气行业,赚了大钱。这位大老板还是马萨诸塞州的参议员,可以说他是北美经济飞速发展时期商界精英的代表人物。尽管事业如日中天,加德纳·哈伯德的家庭生活却并不如意。他和妻子生了三个孩子,其中两个孩子还不到一岁就夭折了,只有一个女儿活了下来,她就是梅布尔·哈伯德。不幸的是,梅布尔·哈伯德5岁时患了一次猩红热,因而失去了听觉,她只能断断续续地说几句儿时学会的简单话语。

加德纳·哈伯德为了能让女儿得到良好的教育,不惜重金。为了让梅布尔开口说话,他雇用了一个家庭教师,送女儿进德国人办的聋哑学校。他甚至为女儿在他家的附近专门开办了一所学校。梅布尔长得清纯美丽,聪慧过人,她的学业上佳,精于唇语,不过说话仍很困难。贝尔在波士顿大学开办语音学讲座的消息传出后,15岁的梅布尔慕名前来观摩。

那一天,贝尔照常讲他的可视语音发声法,教室里座无虚席。无

6岁时的梅布尔·哈伯德

意中,贝尔瞥见最后一排坐着一个穿紫衣的女孩,正全神贯注地望着讲台,她那眼神似曾相识。讲座结束后,紫衣女孩静静地站在远处,待所有的听众离开之后,她羞涩地走上前来。

贝尔亲切地问她:"有什么需要我帮忙的吗?"

女孩嫣然一笑,感动地摇摇头,然后用手语表示说:"我想请你当我的老师。"

这个紫衣女孩就是梅布尔。贝尔被她的纯真打动了,当即同意收她做学生,辅导她学习说话。加德纳·哈伯德对贝尔的成就早有耳闻,听女儿回来提起此事,立即答应重金聘请贝尔做梅布尔的家庭教师。

从这天起,贝尔的命运就和梅布尔联系在一起了。当时贝尔并不知道,这个女孩日后会成为他一生中最重要的女人。

谐波电报
xiebodianbao

就在这时候,贝尔的兴趣开始发生转换,他从一个青年语音专家变成了热衷于电报新技术的发明家。在这之前,有一位名叫赫尔曼·亥姆霍兹(1821—1894)的德国科学家,发明了一台调音器(被命名为"亥姆霍兹共鸣器"),可以通过电流调整音叉发出的音高。贝尔对这个发明很感兴趣。贝尔在波士顿聋哑学校任教时,就开始了声学实验研究。他对亥姆霍兹的共鸣器很着迷,但苦于找不到详细的资料。不过,贝尔的实验都是在业余时间搞的,他白天给聋哑儿童上课,晚上在宿舍里偷偷地做实验。

这位亥姆霍兹本来是学医的,当过军医,担任过解剖学和生理学教授,但

他在物理学方面造诣很深，曾经阐明能量守恒定律，并预测过麦克斯韦方程组中的电磁辐射。他的两部关于光学和声学的著作《作为乐理的生理学基础的音调感受的研究》《生理光学手册》，对后世影响很大。贝尔不懂德文，他请爱丁堡大学的一位同事把亥姆霍兹关于共鸣器的文章译成英文，读后很受启发。一个用谐波传送多条电报的设想，在他的脑海里渐渐形成。

有一天，贝尔无意中向哈伯德透露了这个想法。

那是一个月光皎洁的夜晚，贝尔给梅布尔上完课，在哈伯德家的客厅里弹钢琴。他先弹了一曲贝多芬的《月光奏鸣曲》。优雅的琴声和意境令人陶醉，梅布尔纯真的脸庞上浮现出遐想。一曲终了，贝尔用钢琴向梅布尔的父亲展示，不同琴键的音高使音调发生了变化。哈伯德的反应很平淡。这位身兼律师的投资人，宽额头，戴着一副圆框眼镜，留着托尔斯泰式的美髯。

"这有什么用呢？"他不解地问。

"这里面藏着奥秘。"贝尔说。

"喔，贝尔教授，有什么奥秘啊？"哈伯德好奇地问。

贝尔停止摆弄琴键回答道："不同的琴键，敲击不同的钢丝，能够发出不同频率的音调，而这些不同音调的组合，可以构成人间最美妙的音乐。"

贝尔接着说："上帝不仅创造了贝多芬的月光曲，还创造了莫尔斯的电报奇迹……"说到这里，他把话锋一转，"可是在每一个时间点上，每条电报线路只能传递一条消息，所以，在电报局里经常可以看见拍电报的人排着长龙在等候。"

加德纳·哈伯德

哈伯德的眼睛一亮，贝尔的话触及了他最感兴趣的问题。19世纪70年代，美国的经济繁荣和铁路有着密切的关系，和火车同样重要的是路旁的电报线。生意要成功，迅捷的通信方式是关键。当时美国

贝尔的实验室

的传播巨头——西部联合电报公司几乎垄断了北美的电报业务，该公司的总裁威廉·奥顿曾说过，电报已经成为"商务的神经系统"。听说这位奥顿总裁正在寻找新的技术手段，想在每条电报线路上同一时间发送多条电报。

哈伯德给贝尔递上一杯咖啡，示意他继续说下去。

贝尔接过咖啡，坐在沙发上。他呷了一口香浓的咖啡，兴致盎然地向哈伯德解释说，几条不同的电报，可以用一组协调的但不同的频率——每一个频率传送一条消息——同时传送出去。贝尔称它为"谐波电报"。

"啊，'谐波电报'，这个想法很妙！"

哈伯德很赞赏贝尔的创意。作为一个有公众意识的实业家，哈伯德一直在试图说服议会，与西部联合电报公司竞争。他认为西部联合电报公司利用自己的垄断地位，一直维持电报的高价营运，从而阻碍了电报的发展。他主张，应该建立一个采用新技术的竞争性服务体系，利用邮局作为收发报的基地，这样可以大大降低电报的使用价格，使发电报就像寄信一样便宜。如果贝尔的想法可行的话，他的计划就能够实现。

"你有兴趣专门搞谐波电报研究吗？"他问贝尔。

"我关注电报已经很久了,但搞研究需要一定的条件。"贝尔实话实说。因为购置设备,租用场地,购买实验材料,需要一大笔经费。

"这个不成问题,资金问题我来解决。"哈伯德当场表态。

接下来,哈伯德说服了乔治·桑德斯的父亲一起来做贝尔的资助人。没有财力做后盾,任何发明家都难以成功。幸运的是,贝尔遇到两位贵人。这两位大亨都是他聋哑学生的家长,说起来也是一种缘分。

贝尔充分利用这个机会。在加德纳·哈伯德和托马斯·桑德斯的资助下,贝尔把他租的小居室开辟成了实验室,开始试着设计他所谓的谐波电报。简陋的长条桌上摆着台灯、笔记本和各种器材,靠墙立着一排木架。透过实验室的窗户,可以望见街区的屋顶。

究竟能不能设计成功可以同时传递多条信息的电报呢?在小实验室里,贝尔经常工作到深夜,他是试图寻找这个答案的众多研究者之一。贝尔获悉,几乎在同一时间,青年发明家爱迪生也在进行着类似的实验。电报师出身的爱迪生与贝尔同岁,在22岁时就担任了纽约一家黄金行情信息公司的总技师,是个电报技术高手。贝尔感到有一种强烈的紧迫感。

托马斯·桑德斯

贝尔将面临着激烈的挑战。他毅然辞去波士顿大学语音学教授的职务,专心做起实验来。

有一天,贝尔参观麻省理工学院举办的一个展览会,看到一个法国人发明的"声波记振器"。它通过一张膜来传递声音,把声音记录在烟熏的玻璃上。这个仪器实用价值很低,但是贝尔对它潜在的功能很着迷。

　　贝尔开始考虑一个更重要的问题：人类的声音是否也能通过电线来传送呢？

　　夏天来了，为了躲避波士顿的酷暑，贝尔回到了安大略省布兰特福德镇的家中。他让一位做医生的朋友给他搞到一个死人的耳骨，做成了模拟的声波记振器。当贝尔用这个简陋的仪器研究声音的特性时，他发现只需要很小的能量就能够放大人的声音，这意味着人的声音可以放大。在他的草图里，贝尔记录了发明过程中的重大突破。

　　1874年9月，贝尔开始构思电话。他朦胧地意识到，用电传送人的声音这个大胆的想法，也许比谐波电报更具挑战性，也更具诱惑力。

　　但是贝尔的计划并没有得到支持。当他回到波士顿时，他的主要资助人加德纳·哈伯德要求他继续研究谐波电报。哈伯德知道他们在进行一场赛跑。他听说一个名叫伊莱沙·格林的发明家也在寻找一种能同时发多条电报的技术；而且哈伯德担心，他的对手西部联合电报公司的总裁威廉·奥顿会利用他强大的实力抢先一步。

　　贝尔也听说了伊莱沙·格林正在进行和自己类似的实验，他意识到这是一场挑战。他在给朋友的一封信中写道："这是一次并驾齐驱的较量，就看我和伊莱沙·格林哪个能先完成仪器的设计。"

　　贝尔觉得，在电子技术方面伊莱沙·格林无疑居于领先地位，但是他——亚历山大·格雷厄姆·贝尔却在语音学上具有优势。两人可以说是势均力敌，就看最后谁先完成设计、拿出样机了！

☆ 了不起的理想

liaobuqidelixiang

为了加快研究谐波电报的进度，哈伯德雇用了一个训练有素的电工给贝尔当助手。这个小伙子名叫托马斯·沃森，刚满20岁，技术熟练，工作踏实。对贝尔来说，这不啻是雪中送炭。因为研究电话或谐波电报，不但要有制作的人，而且进行送话、收听实验，也必须要两个人合作才行。贝尔正缺一个得力助手。沃森对他来说很重要，因为沃森可以把他的想法做出来。两人的合作很融洽。沃森对贝尔的理想坚信不疑，表示一定全力相助。沃森后来果然履行诺言，始终不渝，成为贝尔终生的朋友。

近郊公寓里那间灰尘满地、拥挤闷热的小屋，成了他们两个人的实验室兼

托马斯·沃森

卧室。两个年轻人整天将自己关在屋子里，一边研究电声转换原理，一边设计实用的机器。贝尔一有新的构思，沃森马上就去制造。沃森生怕不能圆满完成贝尔苦心设计的方案，干得很精心。科学发明与文学创作一样，也要付出艰苦的劳动。贝尔研制的电话是从来没有过的东西，没有什么实物可以参考，只能反复实验，从失败中积累经验。贝尔绞尽脑汁，梦中都在想着电话设计。有时，半夜灵感来了，他就立刻起床画图，沃森也紧密配合，照图制造，一直干到天亮。

研究进展到一定的程度，贝尔和哈伯德、桑德斯就可能出现的问题签署了一份简单的合作协议。协议明确规定，贝尔进行研究的实验费用，由哈伯德和桑德斯资助，两位资助人还负责专利的申请事宜。如果贝尔获得发明专利，作为回报，哈伯德和桑德斯将分享部分利润。这个协议保证了发明家和资助人的各自权益。

哈伯德继续对电报研究施加压力。但是，贝尔和沃森对电话的前景更加着迷，他们的信念终于得到了回报。

有一天，一次偶然的实验启发了贝尔。

当时，贝尔正在研究一种实用的可视语音。按照他的设想，是在纸上复制出语音声波的振动，好让聋哑人从波形曲线看出"话"来。由于识别曲线很不容易，所以设计没有实现。但是，贝尔在实验中却意外地发现了一个有趣的现象：在电流导通和截止的时候，螺旋线圈发出了噪音，就像发送莫尔斯电码的嘀嗒声一样。

这个细节，一般人是不会留意的。贝尔是个有心人，他重复了许多次实验，结果都一样。一个大胆的设想在贝尔的脑海里出现了：在讲话的时候，如果能够使电流强度的变化模拟出声波的变化，那么，用电流传送语音不就能够实现了吗？这个思想成了贝尔后来设计电话的理论基础。贝尔的发现，看起来是偶然的，但实际上是长期酝酿的结果。

年轻的贝尔兴冲冲地把自己的想法告诉了电学界的几个人。他很有信心地说："我相信这是可以办到的，我一定要找出办法来！"可是听者都不以为然，有的只是付诸一笑，有的则不知可否地耸耸肩。一个好心的学者劝他说："你之所以产生这种幻想，是因为缺少电学常识。你要是多读两本《电学入门》，导线传送声波的妄想，自然就会消失了。"

贝尔虽然碰了钉子，但他一点也没有泄气。他想，要是莫尔斯还活着（这位

大发明家三年前刚去世），一定会支持我的。他决心动身前往华盛顿，向约瑟夫·亨利请教。

有意思的是，当年莫尔斯就是得到亨利的指点才脱颖而出，夺得了电报发明的桂冠。如今，贝尔也要向这位美国的科学泰斗求教。

亨利是电学史上的一位传奇人物。如同前文所说，他曾经同法拉第各自独立地发现了电磁感应现象。事实上，

约瑟夫·亨利

他的发现比法拉第还要早些，只是没有第一时间发表罢了。亨利还发明过摆动式电动机、继电器，同时还是电报发明的先驱者，是世界上第一个把电信号传到1.6千米之外的人。莫尔斯的电报机就是根据他提出的原理发明的。亨利为人谦虚，不重名利。他一生有很多发明，却不愿申请专利，许多本来应该由他享有的荣誉，都让给了别人。在相当长的时间里，欧洲和美国都不了解他。后来人们才发现，他的伟大不在法拉第之下。为了纪念他的卓越贡献，1893年在美国芝加哥举行的国际电学家会议上，决定在实用单位制中，用他的名字"亨利"作为电感的单位。亨利1846年担任美国史密森学会首任会长，1867年被选为美国国家科学院院长，在科学界的威望很高。

贝尔去拜见这位大科学家的时候，他已经73岁了。

1875年3月的一天午后，天空飘着细雨。一个头发黝黑的青年来到亨利

的寓所，他就是刚下火车的贝尔。老科学家当时正在午睡，贝尔不愿打扰他，就站在细雨中静静地等候。两个小时后，老人醒来，年轻人的外衣已经湿透了。这位科学界的老前辈从来没有见过贝尔，但是对贝尔一家以及他们成功的聋哑教学法早有耳闻，老人很客气地接待了来访的青年。

贝尔向亨利讲述了他的发现，并且详细介绍了用电传送语音的设想，由于兴奋，他的两眼闪闪发光。亨利被年轻人的热情感动了。

贝尔讲完以后，怀着紧张的心情问亨利："先生，您看我该怎么办呢？是发表我的设想，让别人去干呢？还是我自己努力去实现呢？"

"你有一个了不起的设想，贝尔，干吧！"亨利慈爱地回答他。

"可是，先生，在制作方面还有许多困难。而更困难的是，我没有专门学过电学。"

"掌握它！"这位大科学家斩钉截铁地说。

这句话对贝尔有很大的影响。很多年以后，贝尔还是这样认为："没有这句令人鼓舞的话，我肯定是发明不了电话的。"

这确实是肺腑之言。在科学技术史上，曾经有不少像亨利这样胸怀大略的老将，为后来的人开辟了道路。戴维提携法拉第，第谷（1546—1601）把凝结了毕生心血的天文资料赠给开普勒（1571—1630），亨斯罗（1796—1861）教授对达尔文的尽心培养，都是科学史上老一辈大师关怀新秀的范例。正是这样，法拉第、开普勒、达尔文才能够"青出于蓝而胜于蓝"。一年之后，1876年6月25日，贝尔的实验电话在费城博览会上展出时，亨利是电气展的评审员之一，他对贝尔的发明给予了高度的肯定。

对于亨利的鼓励，贝尔终生都难以忘记。

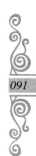

KEXUE JUREN DE GUSHI

"沃森，快过来！"

第一部电话原型机

diyibudianhuayuanxingji

　　贝尔回到波士顿,遵照亨利的指示,像莫尔斯当年那样专心致志地攻读起电学知识。他一面和沃森研制谐波电报,一面恶补电学专业知识。贝尔这时28岁,精力充沛,刻苦用功,再加上搞聋哑教学实验接触过电磁器械,所以没有多久就收到了显著的效果。在谐波电报的研制过程中,贝尔没有忘记电话的梦想。发明电话,需要有丰富的语音学知识和电学知识。贝尔在语音学方面根底深厚,现在又掌握了电学,就像插上了双翅,可以凌空高飞了。

　　贝尔和沃森夜以继日地工作着。他们究竟试过多少个方案,失败过多少次,已经无法统计。但是重要的设想和研究进展情况,贝尔都在实验笔记里作了详细记录。

　　1875年春天,贝尔和沃森已经完善了谐波电报的设计,并准备向专利局申报专利。虽然设计的样机性能还不是很可靠,离实用还有距离,但他们的设计建立在正确的原理上,有家电报公司已经表示对进一步开发有兴趣。

　　正在这个时候,一个意外的突破改变了贝尔的命运,也改写了电话发明史的历程。

　　谐波电报的原理,是在发报机和收报机两端设置若干对金属簧片,每一对金属簧片可以调到不同的音高。多条消息可以通过一条导线同时在各对金属簧片之间传送,但收报机中的任一簧片,只能对发报机中接通电流

谐波电报的发报机(左)和收报机(右)

的相同音高的簧片作出反应。为了避免不同簧片之间发生干扰或操作人员做错动作,各簧片的音高必须有较大的差异。只有做到这一点,从理论上讲,用一条导线就能传送和簧片对数一样多的电报,因此谐波电报又称多工电报。

1875 年 6 月 2 日,贝尔和沃森正埋头测试谐波电报的原型机,三对收发报的簧片中有一对出现了故障。发报机和收报机分别放置在两个房间里,中间通过一条铜导线连接着。沃森负责发报,贝尔则守在收报机旁。在实验时,操作发报机的沃森发觉有一个簧片被卡住了。

他大声向隔壁屋里的贝尔报告说:"有个簧片被卡住了。"

"把它松开试试。"贝尔指示道。

沃森试图把这个簧片拨开,但显然很费劲。沃森小心翼翼地用力,簧片终于弹开了,发出了震颤的响声。就在这一刻,在隔壁屋里的收报机所对应的簧片也震颤起来,发出声响。

贝尔惊奇不已。这意味着声音可以通过电流形式传送,并在接收端又转化成声音!贝尔让沃森与他互换位置,又试了一次。沃森也得到了同样的结果。发射端簧片震颤的响声,通过电流的传送在接收端再现出来;而且听到的声音,比贝尔所希望的还要清晰。贝尔由此断定,他的装置有能力传播像人类发音一样复杂的声音,而不是他起初想要传播的简单、纯粹的音乐声调。

这不就是梦寐以求的电话吗!

当微弱的声音通过导线传过来的时候,贝尔记下了这一重要时刻:1875 年 6 月 2 日。贝尔意识到,他梦想的成功就在眼前。

接下来,贝尔和沃森根据谐波电报收发报器的原理,对装置作了重大改造,制成了第一部电话的原型机。为了能够传送人的语音,贝尔决定用振动膜取代金属簧片,他的想法是振动膜对声音的反应更灵敏,效果会更好。

贝尔画了一幅草图交给沃森。沃森连夜加班,制成了一台粗糙的样机。贝尔的设计是这样的:在一个圆筒底部蒙上一张羊皮纸薄膜,薄膜中央垂直连接一根金属杆,人讲话的时候薄膜受到振动,金属杆与感应线圈的距离时近时远,感应电流随之变化也有强有弱,接收端利用电磁原理,再把电信号复原成声音,这样就实现了用电流传递声波。这个人类历史上的第一部电话原型机有一个结实的木质支架,因为造

第一部电话原型机

型粗笨,后来被戏称为"绞刑架模型"。这个称谓有点黑色幽默,听起来不太吉利,但它却是贝尔发明电话的第一次尝试,是全世界所有电话的老祖宗。其实,只要仔细端详就能发觉,这个"绞刑架模型"的造型,有一种稚拙的粗犷美。

　　为了验证机器的效果,贝尔和沃森把导线从一个房间架到另一个房间。

　　实验开始了,贝尔和沃森轮流对着装置说话,但它只能发送和接收一些微弱的声音,而且非常模糊。由于羊皮纸有吸湿性,没过多久,吸收了足够水分的羊皮纸由原来绷紧的鼓状变得瘫软,声音的质量更加恶化。贝尔和沃森对着装置大声呼喊,他们听到的声音不是从墙壁传来的,就是从房顶传来的,机器却像聋哑人一样毫无反应。他们一连试了几天,好心的邻居们都默默地忍受着他们的大喊大叫。直到他们的嗓子都喊哑了,通话还是没有成功。

　　两个发明家有点失望。一年多来,他们废寝忘食,耗尽心血,造出来的电话竟是个不争气的"哑巴"!

　　为什么会失败呢? 贝尔苦苦思索着。是设计不对,还是制作有错? 难道是用电流传递人的声音本来就不可行吗?

爱神的箭疤
aishendejianba

面对失败,贝尔有些沮丧。沃森也累病了。电话的研制工作一度中断。就在这个时候,贝尔受到意外爱情的折磨。

几个月以来,贝尔意识到自己爱上了失聪的学生、17 岁的梅布尔·哈伯德,他的资助人的女儿。这也许是一种缘分。两年前,梅布尔慕名前来听语音讲座时,她的清纯美丽和聪慧过人就打动了贝尔。

那个身穿紫衣的女孩,唤醒了贝尔少年时朦胧的情思,莫非她就是那朵令他魂牵梦绕的"紫色的小花"?贝尔不敢相信这是真的。

自从当了梅布尔的家庭教师,仙王吟唱的那段《仲夏夜之梦》的小诗,就常常在他的耳畔回荡:

> 这一朵紫色的小花,
>
> 尚留着爱神的箭疤,
>
> 让它那灵液的力量,
>
> 渗进他眸子的中央。
>
> 当他看见她的时光,
>
> 让她显出庄严妙相,
>
> 如同金星照亮天庭,
>
> 让他向她婉转求情。
>
> ……

贝尔每个星期都去哈伯德家几次,向哈伯德汇报研究工作的进展情况,同时教梅布尔发音说话。每次梅布尔看见他都会含羞一笑，眼睛里流露出惊喜。

贝尔尽心尽力地教梅布尔发音、吐词、说话，梅布尔学得很认真，进步很快。虽然她的嗓音纤弱，发音不标准，但听起来却有一种别样的感觉。贝尔和她常常有一种心有灵犀的感应。她的一颦一笑，都是那样高雅、那样迷人。

梅布尔天真、活泼，还不懂得爱情。在贝尔的眼里，她就像天使一样美丽，又像天使一样纯真。

终于有一天，贝尔发现自己坠入了爱河。

贝尔在给母亲的信中，流露出炽热的感情。他写道："我发现自己对那个可爱的学生的爱……非常、非常深……我已经知道如何去爱她了。"

贝尔鼓足勇气，告诉加德纳·哈伯德自己喜欢梅布尔。

"哈伯德先生，我真心地爱梅布尔，我想娶她。"

"这不可能。"哈伯德断然拒绝道，"她是我们哈伯德家的千金，你拿什么娶她呢？"

"我有一颗炽热的心，还有一双勤劳的手。"贝尔真诚地说。

"可是你没有财富，也没有地位，甚至连一纸发明专利都没有拿到。"哈伯德毫不客气地说，"你拿什么养活你的新娘？"

贝尔默然无语。他满怀希望能得到梅布尔父亲的同意，但没有想到却遭到了拒绝。哈伯德虽然赏识贝尔的发明才干，但这和选女婿是两码事。梅布尔是哈伯德夫妇的唯一女儿、掌上明珠，哈伯德希望女儿

17 岁的梅布尔·哈伯德

28 岁的贝尔

的婚姻门当户对。而贝尔这样一个没有职业的穷发明家是远远不够格的。

哈伯德的拒绝，令贝尔几乎崩溃。

梅布尔的母亲对贝尔有好感，觉得他沉稳可靠，有绅士风度。但她认为贝尔和梅布尔年龄相差太大，也反对这桩婚姻。原来在梅布尔母亲的眼里，贝尔至少有三十八九岁了。因为贝尔的举止老成稳重，加上他那标志性的络腮胡，确实像个成熟的中年男人。

贝尔向她解释说："我今年才 28 岁，只比梅布尔大 10 岁。"

"哦，你今年才 28 岁？"这正是风华正茂的年龄哦。

"是的，我是 1847 年 3 月 3 日在苏格兰爱丁堡出生的，有出生证为证。"贝尔坦诚地说，"我会好好照顾梅布尔一辈子的。"

梅布尔的母亲没有吭声。

看到梅布尔的母亲半信半疑的神态，贝尔做出了一个惊人之举。第二天，他剃光了脸上的络腮胡，把头发也剪短了，然后以新的形象再次登门拜访。梅布尔的母亲看见他的模样，眼睛一亮，这才相信了贝尔的实际年龄，并且为小伙子的虔诚所感动。

看到贝尔一副破釜沉舟的傻气，梅布尔躲在屏风后忍俊不禁。

等贝尔告辞后，母亲用手语问梅布尔："你爱他吗？"

梅布尔的脸蓦然红了，她咬着嘴唇，摇摇头，然后又点点头。

梅布尔的母亲顿时明白了。

虽然遭到梅布尔父母的反对，但贝尔并没有退缩。他热烈地追求梅布尔，不管怎么样，他一定要娶她。

哈伯德竭力遏制贝尔的激情，告诫他不要忘记工作，并且要求他克制对女儿的激情。他让贝尔把注意力放到电话的研究上去，并集中精力搞谐波电报。

在难得的空闲时间，贝尔就去找梅布尔。据沃森的回忆录记载，有一天晚上，他看见贝尔和梅布尔走在波士顿的大街上。他们走得很快，从一个路灯下走到另一个路灯下。在每个路灯下，他们都要停下来，贝尔对着梅布尔说话，梅布尔则能借助灯光看懂贝尔的唇语。沃森被这动人的一幕吸引住了，他伫立在暗处，目睹着这一切。

贝尔和梅布尔继续向前走，梅布尔在黑暗中对贝尔说着话。到下一个路灯下，他们再停下来，然后贝尔再回答她的话。两人的脸上洋溢着心照不宣的喜悦。

沃森写道："我当时从心里觉得，他们真是天生的一对！"

贝尔用行动证明了他是一位绅士。他对梅布尔的爱百折不挠，尽管看来他成不了富翁，加德纳·哈伯德还是让步了。1875年11月25日感恩节这一天，贝尔和梅布尔订了婚。这一天正好是梅布尔的18岁生日。哈伯德夫妇向两个人表示衷心的祝福。真是精诚所至，金石为开。

当天晚上，贝尔激动地写信给梅布尔道："我不敢入睡，担心自己会发现这是一场梦，所以我清醒地躺着，心里想着你。"

梅布尔则支持她的未婚夫回到他热衷的电话研究上去。节日过后，贝尔又投入到紧张忙碌的研究工作中。他在给父母亲的信中描述了自己的状态："我四处奔忙，自己还没有察觉，一天就结束了！波士顿大学——谐波电报——梅布尔——改进样机等等，占去了我的每一分钟，我安排不过来，只能听任自己去做……有太多艰难的工作等着我去攻克。"

莫尔斯　贝尔　贝尔德

难忘的时刻
nanwangdeshike

在冬日的长夜里，贝尔和沃森改进着他们的技术。他们的技术已经可以申请专利了，但是贝尔还想做进一步的完善。

早春时节，春寒料峭。前一天突降瑞雪，地上铺满了柔软的积雪。

夜幕降临。在波士顿法院街109号租用宿舍的顶楼上，贝尔望着窗外闪烁的繁星，眼前浮现出亨利亲切的面孔，他仿佛又听到了老科学家坚定的声音："你有一个了不起的理想，贝尔，干吧！"

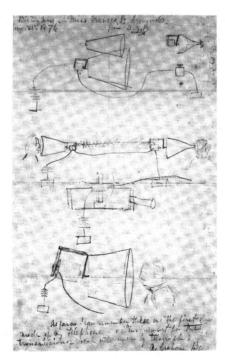

贝尔设计的电话草图

可是，贝尔的电话机仍然处于难产中。

"突破口在哪里呢？"贝尔苦苦思索着。

为了克服膜片遇潮变形的问题，贝尔和沃森曾把羊皮纸膜换成金属膜片，但仍然达不到预想的效果。

贝尔正在锁眉沉思，忽然听到沃森在背后呼唤他："先生，您听！"

贝尔转过头，困惑地望着助手。沃森用手指着窗外，神色惊喜地又说："先生，您听！"

窗外，隐隐地传来一阵吉他的声音，那叮叮咚咚的声响，像山泉般在夜空里荡漾。贝尔屏气凝神，静静地听着，顿时豁然开朗。他跳起来朝青年技师猛击一拳说："有啦！有啦！沃森，你真行呀！"

贝尔从吉他的声音联想到了泉水。他想，如果把金属膜片中央垂直连接一根炭杆，插在用水稀释的硫酸液里，人讲话的时候，膜片受到振动，炭杆同硫酸液的接触处电阻发生变化，线圈里的电流就会随之发生变化，有强有弱，接收端利用电磁原理，就能把声音再现出来。

他把自己的设想告诉了沃森，沃森听了很兴奋。

"对呀，咱们就用硫酸液来试一试！"

原来，金属膜片虽然结实，但它比羊皮纸厚而且硬，对声音振动的反应会变得迟钝。这导致他们的送话器和受话器灵敏度都太低，所以声音微弱，很难辨别。

吉他的声音启发了聪明的年轻人。贝尔马上设计出了一个草图。两个人一齐动手，连夜赶制，等新样机做好，天已经亮了。他们只吃了几片面包，又接着改装机器。两个年轻人一连忙了两天两夜，到第三天傍晚，机器终于改装好了。新样机的结构有了重大调整，它比第一台"绞刑架模型"精致多了，造型也更接近实用的电话机。贝尔和沃森累得筋疲力尽，脸上却露出兴奋的神色。

两人都感到曙光就在眼前！

就在贝尔的研究工作取得突破性进展的时候，哈伯德听说伊莱沙·格林在公开讨论声音传递的设想。他的商业直觉告诉他，伊莱沙·格林很有可能捷足先登。

当听说格林到专利局去打听的消息，

贝尔电话发明的专利证书

莫尔斯　贝尔　贝尔德

哈伯德断然采取了行动。

1876年2月14日早晨，哈伯德没有告诉贝尔，就只身前往华盛顿，向美国专利局申请了电话专利。富有戏剧性的是，两小时后格林也向美国专利局提交了电话专利的申请。格林的图纸也再现了对电话的构想，和贝尔提出的原理几乎如出一辙。

显然贝尔走在了前面！但是，技术完善的竞争仍在继续。

3月3日，贝尔满29岁了。他的电话专利在3月7日获得通过，其专利号为174465。这是美国专利史上最有价值的一项专利。

3月10日，贝尔和沃森正在测试样机。他们架好了导线。贝尔在发送端的屋里，关严了门窗。沃森在隔壁房间里，把受话器紧紧贴在耳边。准备完毕，贝尔一面调整机器，一面对着送话器呼唤起来。

沃森屏息静气地听着，受话器里的声音起初细若游丝，后来突然清晰地传出贝尔的喊声："沃森先生，快过来，我需要你！"

原来贝尔在操作机器的时候，不小心把一滴硫酸溅到腿上，由于疼痛，他情不自禁地对着话筒呼唤求助。这是人类通过电话机传送的第一句话！

电话发明的历史性一刻（绘画）

沃森听到后惊喜万分，急忙呼叫贝尔的名字："贝尔！我听见了！听见了！"这时候两人欣喜若狂，互相大喊起来，谁也分不清对方和自己喊的是什么。

沃森推开房门，向贝尔的房间奔去。两个战友在小屋里拥抱起来,热泪盈眶地喊着对方的名字。

贝尔在笔记里记下了这一难忘的时刻:1876年3月10日。当时贝尔29岁,沃森22岁。两个敢想敢干的青年,克服重重困难,终于把电话制作成功了。神话变成了现实。他们勇敢创新的精神,直到今天还激励着很多有志于发明的年轻人。但在那时,除了贝尔和沃森,没有人看好电话的未来。

贝尔发明的电话(样机)

当天夜里,贝尔怀着激动的心情给母亲写信,信中写道:"今天对我来说,是个重要的日子。我们的理想终于实现了!我觉得,就像把自来水和煤气送到各家一样,把电话安到用户那里的日子就要到来了,朋友们不用离开家就可以互相交谈啦!"

KEXUE JUREN DE GUSHI

传遍全球

不知疲倦的宣传家

贝尔趁热打铁，对样机作了改进。贝尔渴望了解人们对电话的反应，于是决定向公众演示他的成果。几年以前，贝尔为父亲的可视语音作展示时所表现的才能，在这里得到了充分的发挥。他不愧是一个优秀的演讲者。当贝尔走进房间，即使听众不知道他的身份，他的风度和气派也会让人觉得站在面前的是一个不寻常的人物。贝尔和沃森当众演示了他们的样机。当听见话音通过电线从话筒传到听筒，听众们大为震惊。不过，并没有多少人对电话的前景看好。

贝尔又回到安大略省布兰特福德，在那里进行了一次展示。父亲老亚历山大对这个新发明大为赞赏，这对贝尔是很大的鼓励。

贝尔本以为电话机一定会被人们争着买去使用。不料，人们由于受习惯势力的影响，对电话这项新发明抱着怀疑、观望的态度。

事实使贝尔很快明白了：发明电话只是成功的一半，要使电话被社会承

1876 年费城世界博览会

贝尔对着电话机试音

认，还必须经过一场艰苦奋斗。

1876 年 5 月，贝尔在美国艺术与科学的会议上，首次展示了他的电话发明，引起了学术界的关注。

一个月后，1876 年 6 月，正好在费城举行世界博览会。这是一次难得的宣传机会。

贝尔和沃森赶到费城，在博览会上表演用电话通话。开始，他们的电话机被陈列在教育厅出口处一个角落里，一连几天没有人理睬。评判员也不把电话机放在眼里。

6 月 25 日，有一组身份显赫的贵宾来博览会参观。他们当中有巴西皇帝佩德罗二世，还有著名的英国科学家威廉·汤姆生爵士（这位铺设大西洋海底电缆的功臣，后来被封为开尔文勋爵）、美国科学界的泰斗约翰·亨利等人。

巴西皇帝佩德罗二世以前来过北美，曾经听过贝尔的语音学讲演。他看见电话机以后，很感兴趣。贝尔请贵宾们围坐成一圈，由哈伯德作现场主持，贝尔负责作演示，沃森给他当助手。

贝尔兴奋地向佩德罗二世介绍了电话机的妙用，并且当场作了表演。贝尔对着话筒，朗诵了莎士比亚《哈姆雷特》里著名的台词"生存还是死亡"。佩德罗二世从听筒里听到贝尔的话音，惊奇地对左右说："我的天，这钢铁的玩意儿竟会说话！"第二天，巴西皇帝的话被登载在费城各家报纸上，炒得沸沸扬扬。

威廉·汤姆生爵士把听筒举到耳边，令他大为惊讶的是，他听到了一段乡村音乐，然后是贝尔的问话："您知道我在说什么吗？"

汤姆生回答说："简直不可思议，这是最美妙的事情！"

亨利看见一年前登门求教的年轻人成功地研制出了电话，也非常高兴。他拍着贝尔的肩膀说："小伙子，功夫不负有心人哦！"

贝尔感激地说："我永远不会忘记您的指教！"

贝尔的电话机在博览会上引

在费城博览会上展示的电话机

起了轰动。这也引起了评判员的重视。第二天，贝尔的电话机就被搬到博览会最引人注目的地方，成了重点展览品。参观者络绎不绝，都大加称赞。

费城博览会结束后，荷兰《自然》杂志发表文章说："在所有这些发明中，有一件发明不仅给博览会增色不少，而且也为美国确立了伟大发明家诞生地的地位。然而那只是一件简单的仪器，发明人亚历山大·格雷厄姆·贝尔将其称为电话，这是他第一次公开展示这项发明。当人们得知电话会说话，而且说得几乎和人的嘴巴一样好，即使隔着一段距离，仍然可以传出可辨的说话声，它的名声就像野火一样传开了。"这家科学杂志的评论，是颇具前瞻性的。

而一般的公众，并没有认识到电话的价值。在一般人眼里，电话机不过是新奇、有趣的玩具，贝尔和沃森只是两个高级魔术演员。一是因为大家当时还没有用电话通话的概念；二是因为他们展示的电话机，通话距离只有一百来步远。对于用电话进行远距离通话的可能性，不论发明家怎样讲解，人们总是不信。

这次博览会，贝尔的电话机初次在世人面前露面，引起了世界的关注。贝尔深深感到，要推广电话，不但要提高机器性能，而且还需要大张旗鼓地进行宣传。他大概是美国第一个认识到科普宣传重要性的发明家。

贝尔和沃森回到波士顿，再一次对电话机作了改进，并且利用各种场合宣传电话的原理和应用前景。

　　10月,贝尔从沃森以前的老板查尔斯·威廉斯的店铺到他家里,架设了第一条电话线,距离有8千米长。这是世界上第一条室外电话线,也是第一条投入实用的电话线,通话的声音非常清晰。贝尔在给梅布尔的信中,描述了查尔斯·威廉斯打电话时的情景:"那天下午我走进他的经理室时,他正用电话和妻子聊天,看起来他非常高兴。"

贝尔在马萨诸塞州塞勒姆展示电话

　　几个月后,贝尔和沃森在马萨诸塞州塞勒姆作了一次长距离的通话展示。贝尔在塞勒姆当众演示电话的使用方法,沃森在23千米以外的波士顿接收电话。他俩在电话中唱歌、对话,并首次通过电话传送当地新闻。贝尔事后给梅布尔描述当时的情景说:"当我把嘴凑近话筒的时候,观众的反应好似通过了一阵电流,仿佛他们刚刚认识到电话是什么!"

第二天,在《波士顿环球报》上刊登了这条新闻,并配了醒目的标题:"电话传送——通过电线以人的语音发送的第一条新闻。"北美的各家报纸都转载了这篇报道,引起了强烈的反响。贝尔很快就闻名全世界。

成功就在眼前。电话开始逐渐走入人们的生活。

1877 年 7 月 9 日,贝尔电话公司成立。贝尔和他的资助人加德纳·哈伯德、托马斯·桑德斯,还有助手沃森,成为公司的股东。哈伯德和桑德斯负责公司的营运管理,包括电话机的制造和销售。贝尔不参与具体经营,他对经商兴趣不大,并认为这不是自己的长项。电话事业蒸蒸日上,贝尔在经济上已经能够独立了。

在公司成立的第三天,7 月 11 日,贝尔和他相爱的梅布尔结婚了。沃森是他们的伴郎。这时贝尔 30 岁,正是而立之年,梅布尔 19 岁,两个有情人终成眷属。

8 月,这对新人到英格兰去度蜜月。他们游览了伦敦和爱丁堡,梅布尔对苏格兰的风光感到很新奇。贝尔应英国皇室的邀请,给维多利亚女王作了一次电话演示。女王在日记里称赞电话机"奇妙绝伦"。

对贝尔和梅布尔来说,他们旅途当中最快乐的,是他们的第一个孩子于 1878 年 5 月 8 日出生,这就是他们的女儿埃尔西。

☆ 颂 歌
songge

度完蜜月回到波士顿,贝尔在波士顿和纽约之间进行了首次长途电话实验,两地相距将近 300 余千米。

这次实验和 34 年前莫尔斯的华盛顿-巴尔的摩电报实验一样,取得了很

大的成功。不过两次实验的风格很不一样：莫尔斯那次实验，带有浓厚的剪彩气氛；贝尔他们举行的，却是一场戏剧性的科普宣传会。贝尔在纽约，沃森在波士顿，两个地方同时举办电话讲演，互相通话，也欢迎双方的听众试讲试听，自由交谈，气氛很活跃。

按照原计划，贝尔和沃森两人各聘请了一名歌手，实验到高潮的时候，要用电话传播民歌。但是事到临头，却出了问题。原来，沃森聘请的黑人歌手突然听到话筒里传来贝尔的声音，大吃一惊，竟然唱不出歌来。贝尔急中生智，在电话里叫沃森出马顶替。当时有几百名女学生前来参观，其中有个金发少女自告奋勇，帮助青年技师操作电话机。沃森从来没有当众唱过歌，现在要当着一群陌生少女的面引吭高歌，实在有些难为情。沃森满面通红，鼓足勇气唱起来，电话里顿时传出对方的欢呼声和掌声，实验获得了极大的成功。

第二天，波士顿一家报纸用头条新闻报道了这次实验，并且发表评论说："这项发明，有一天可能使长途电信业务完全改观！"

就在这个时候，贝尔的电话发明专利引起了争议。贝尔被紧急召到华盛顿。对贝尔的专利提出质疑的不是别人，正是那个比贝尔晚两小时申报专利而被淘汰出局的伊莱沙·格林。而在伊莱沙·格林的背后，是实力雄厚的西部联合电报公司做后台。自从 1876 年贝尔的发明被应用以来，电话的用量急剧增长。到 70 年代末，第一本电话号码簿已经出现了，电话开始被用于商务。电信巨头西部联合电报公司意识到，电话将给他们的通信领域带来冲击，公司总裁威廉姆·奥顿召集谋士商量对策，最后策划了由发明家伊莱沙·格林出面，对贝尔的专利提出质疑。

这场挑战对贝尔来说，是难以想象的。发明电话是他的梦想和一生的事业，他曾为此勤奋工作，多少次独自面对实验的失败。没有想到，这项伟大的发明却给他带来了很多的麻烦，而贝尔也不得不面对这些麻烦。他面临着其他发明家难以想象的挑战。贝尔在给一位朋友的信里感叹道:"一个人从发明中获得的名望越大,他成为全世界的攻击对象的可能性也越大。"

屈服不是贝尔的天性,更何况他了解发明的全过程,他必须捍卫自己的权益。由于大部分的诉讼发生在华盛顿,贝尔一家决定搬到那里,贝尔一次又一次被传到法庭作证。他找到了最早的记录,包括他最初的构想、草图,还有后来每一次重要实验的笔记。这些手稿成了重要的证据。这场诉讼成了美国专利史上历时最长的专利诉讼案。证据已经足够了。如果说贝尔的电话不是自己发明的,而是剽窃了格林的,那么贝尔按时间顺序记录下来的发明过程则驳斥了这样的说法。最重要的证据,是伊莱沙·格林寄给贝尔的信。伊莱沙·格林在信中称赞贝尔是"了不起的电话发明家"。这封信证实,贝尔是电话的发明人。在法庭上,贝尔的律师出示了这封信的原件。格林不得不对自己的律师说:"我必须承认,这是我写的,你也可以绝对相信。"

随着电话技术的改进,又出现了其他的专利纠纷,包括爱迪生改进的炭精送话器,但是贝尔最终赢得了这场争斗。贝尔电话公司和西部电报联合公司后来达成和解。双方协议,西部电报联合公司放弃开发电话业务,贝尔电话公司因采用爱迪生炭精送话器的技术,愿支付贝尔电话公司进款的 20% 作为回报,直到贝尔的专利权期满为止。随着专利权限的明确,贝尔电话公司在哈伯德和桑德斯的得力管理下发展迅速。

为了扩大影响,进一步推广电话业务,贝尔和沃森又在美国各大城市东奔西走,巡回表演。他们是发明家,同时也是不屈不挠的科普宣传家。没有他们坚持不懈的宣传,电话是不可能那样快就普及的!发明创造因为不被人们理解而遭到埋没的例子,在历史上是屡见不鲜的。在贝尔发明电话的前几年,有一位名叫勒斯的德国学者就曾经制成了与贝尔的电话机类似的一种装置,可以传送音乐,但是宣传没有跟上去,一直湮没无闻。这说明,科普宣传是多么重要!

中年贝尔

波士顿报纸的预言应验了，人们多少年来关于"顺风耳"的幻想实现了！电话很快在北美各大城市盛行起来。到 1877 年 6 月底，已经有 230 部电话投入使用。在接下来的两个月中，又有 1000 多部电话开始为人们服务。到 1880 年，美国投入使用的电话机已经有 4.8 万部。

在电话发明五周年的纪念日里，贝尔和沃森望着布满全城的电话线，无限感慨。贝尔学着五年前那天晚上青年技师的语调轻轻地说："沃森，你听！仔细听！"

沃森侧耳倾听，两眼望着贝尔。

贝尔的眼睛里闪耀着光芒，激动地说："这电话的响声真像一曲颂歌啊！"

"这歌声永远不会停止啦！"年轻的技师笑着说。

"对！因为这是对生活和对斗争的颂歌，而生活和斗争是永远不会停止的。那飞越蓝天的铜线，正在把生和死、成功和失败的消息，从一个地方传到另一个地方，甚至传遍全球。"

在随后的岁月里，贝尔目睹了电话进入人们的生活，传遍全球。

到 1890 年，电话已经非常普及。它不可避免地遭到了非议。据美国历史频道传记片《贝尔》提供的例子，记录在案的第一个投诉，是说花了一个星期的时间才弄懂了一句才 20 个字的对话。投诉人是马克·吐温。这位幽默大师写道："我真诚地希望所有的富人、穷人、文明人、野蛮人能够在永远宁静的天堂里相聚。只有一个人例外，那就是电话的发明者。"

马克·吐温的评论对贝尔一家没有什么影响。他们在诺瓦斯科舍的家里建立了自己的天堂。虽然他们在投机商抬高股价之前卖掉了很多的股份，贝尔的发明还是给他们带来了大约 100 万美元的净资产（这在当时是一笔很大的财富）。家里由梅布尔理财，他们是好搭档。

贝尔实现了纽约和芝加哥之间的长途电话通话

贝尔除了电话公司以外的所有资产都转到妻子的名下。他说："老婆，你来管吧！我要把时间用来研究我感兴趣的项目。"

1892 年 10 月 18 日，是个历史性的日子。这一天，贝尔实现了纽约和芝加哥之间的长途电话通话。这时的电话机和费城博览会上展出的最早样机相比，已有了明显的改进。

1915 年 1 月 25 日，贝尔建立了第一条横贯美洲大陆的电话线。贝尔在纽约美国电话电报公司总部，电话的另一端是他的老朋友沃森——他正在大陆另一端的旧金山，两地相距 5400 余千米。在这历史性的一刻，沃森听到贝尔说："沃森先生，你在那边吗？"沃森回答说："我听到了！"

到 20 世纪 20 年代，贝尔的电话普及工作彻底完成了。他的发明已经成了人们生活的一部分，电缆把全美国联系起来了。贝尔这时已经 70 多岁了，他受

电话发明 50 年后，沃森手持第一部电话原型机的留影

到了人们的尊重，成了那个时代世界著名的发明家，并获得了无数的奖章和荣誉。

在那个小实验室里发明电话的 40 年后，贝尔看到电话成了人们日常生活中必需的一部分，他感到莫大的荣幸。

一百年以后的今天，全世界已有将近 33 亿部电话机（包括固定电话和移动电话）在工作。世界平均电话普及率为 49.45%，美国的电话普及率超过 95%。

电话成了人们日常生活中不可缺少的通信工具。随着生产技术的突飞猛进，电话事业获得了惊人的发展。新的产品，比如，无线电话、活动目标电话、数字电话、记录电话和电视电话，以及风靡全球的智能手机等不断涌现，给电信事业开辟了广阔的前景，也改变了世界的历程。

1925 年，贝尔电话公司设立了贝尔电话研究所（也称贝尔电话实验室）。这个研究所成立 80 多年来，共取得技术专利 1.7 万余项，其中有不少重大发现和发明，比如，新闻传真机（1945 年）、晶体管（1947 年）、信息论（1948 年）、硅集成电路（1955 年）、激光理论（1958 年）、可视电话

各种各样的电话机

（1963 年）、磁泡器件（1970 年）、光缆通信（1976 年）等，对电子工业和其他科学技术领域都产生了重大的影响。

贝尔的电话机早被送进了博物馆，但是人们永远不会忘记他发明电话的功绩。

壮心不已

zhuangxinbuyi

仅凭电话这一项发明，贝尔就足以名垂千古，进入影响世界历史的伟人之列。但有趣的是，贝尔本人对发明电话显得并不在意。当年他在填写职业表格时，只字不提电话的发明，写下的仅仅是"教育聋哑人的事业"。

贝尔从来不以电话发明家自居，这颇有点意味深长。

贝尔的一个重孙在接受美国历史频道记者采访时曾说："我对曾祖父贝尔的看法和一般人不一样。人们仅把他看成是电话的发明者，而我认为他是聋哑人的教育家，一个热衷于教育听力缺陷者的人。"

的确，贝尔的一生都热衷于教育有听说障碍的人。这和他从小受到的家庭熏陶以及祖父、父亲的传承有很大关系。他挚爱的母亲和心爱的妻子都是有听力障碍的人，这也使贝尔对残障者怀有一种特殊的爱心。

虽然教育有听说障碍的人是一项艰难的工作，有时甚至是徒劳的。但是贝尔做得很成功，也许是因为他有一些特别的技巧。贝尔认为，聋哑儿童应该和正常的孩子一起上学，这样他们可以和正常孩子交流，更好地融入社会。这个观点是正确的。为了证实自己的理论，贝尔在华盛顿开设了一所聋哑学校，推广使用他的教学方法。遗憾的是，由于找不到足够称职的老师，两年后学校关

贝尔和海伦·凯勒(左),中为安妮·沙利文老师

闭。贝尔写道,这是他一生中最失望的经历。

贝尔一生都致力于帮助听力有缺陷的人。为此,他于1890年发起成立了美国聋人语音教育促进协会(又称亚历山大·格雷厄姆·贝尔协会)。这个协会为聋哑人提供帮助,做了很多事情,直到今天仍发展得很好。贝尔还为大名鼎鼎的海伦·凯勒提供过帮助。海伦·凯勒小时候脾气不好,很难管教。但贝尔觉得海伦·凯勒很聪明,对她有信心,希望她能成为对社会有用的人。贝尔请了安妮·沙利文老师辅导海伦·凯勒。当海伦·凯勒和贝尔在一起的时候,他们用手势进行交流。

海伦·凯勒也没有让贝尔失望。她以自强不息的顽强毅力,在安妮·沙利文老师的帮助下,掌握了英、法、德等五国语言,撰写了一系列著作《假如给我三天光明》《我的生活》《我的老师》等,后来成为美国著名的盲聋女作家、教育家和社会活动家,并致力于残疾人事业。海伦·凯勒被美国《时代周刊》评为美国十大英雄偶像,并荣获总统自由勋章等奖项。有一次,海伦·凯勒写道:"当贝尔先生把聋哑儿抱在怀里的时候,他最快乐。"

贝尔很喜欢和孩子们在一起。他对孩子的领悟力非常感兴趣,经常说孩子的天性是好奇。有一次,贝尔正在实验场地工作,一群孩子围着他提问。一个工人走来想把孩子们赶走,他制止说:"等一等,你可不要小看孩子提出来的问题。孩子是用纯真的眼光来看这个世界的。"

不幸的是，贝尔和梅布尔也经历了丧子的悲痛。1880 年，贝尔和梅布尔的第二个女儿玛丽安诞生了。1881 年，他们的第一个儿子爱德华出生之后就不幸夭折了。第二个儿子罗伯特 1883 年出生，但却患有先天性呼吸道疾病。贝尔曾经目睹两个兄弟先后死去而无能为力，现在他又一次感到绝望，他的儿子和死神在作斗争，最终还是夭折了。

贝尔夫妇和两个女儿

贝尔的个人悲剧，促使他发明了真空服，以帮助有呼吸障碍的人。虽然这项发明对他的儿子来说已经太晚了，但贝尔的发明成了人工呼吸器的前身。

作为一位天才的发明家，贝尔的后半生都是在发明创造中度过的。他壮心不已，敢想敢干，在多个领域作出了开创性的贡献，包括金属探测仪、光通信、水翼船、航空飞行器等。媒体评论他说："亚历山大·格雷厄姆·贝尔执意要去那些他仅仅在脑子里想象的地方。"贝尔说："无论你在哪儿找到发明家，无论你给他财富或夺走他的一切，他都会继续埋头于发明创造。他无法不去发明，就像他无法不思考或不呼吸一样。"其实，贝尔就是这样的发明家。

1881 年 9 月，美国新任总统詹姆斯·加菲尔德在华盛顿人行道上遇刺。麻烦的是，医生们找不到子弹碎片的准确位置，无奈之下他们找到了贝尔。贝尔加班加点地工作，研究这种技术。几个星期之后，贝尔和他的同事成功地发明了一种"子弹探测仪"的装置。这种仪器可以透过人体找到金属，可惜加菲尔德

总统太虚弱了,最终未能得救。但贝尔发明的子弹探测仪在后来的战争中起到了很大的作用。

贝尔还提出了可以通过光线来传递声音的想法,这就是"光电话"。

早在 1880 年,贝尔在给父亲的信中就谈到了光电话的构想:"你能想象出这个发明将来会是什么样吗?……我们不需要任何导线就可以通过光在任何可见距离内进行交谈。在战争中,军队使用的这种电子通信既不会被切断,也不会被截取。在普通科学中,用光电话将获得许多现在还想象不到的发现……闪烁的星星可以通过特殊的声音来辨认,太阳上的风暴和黑子也将被观察到。"

1882 年,贝尔发表了一篇论文——《用光线进行声音的产生和复制》,披露了他关于光电话装置的构想。贝尔对此非常着迷,他甚至想给二女儿取名为"光音机",但是梅布尔不赞成,说这个名字太古怪了,还是叫玛丽安好。贝尔的头脑富有想象力,常有灵感忽至,但他绝不是个空想家。经过长时间的研究,贝尔试制成功了用光束传送声音的仪器。它使用光束在两座建筑物之间进行了声音信号传递,不过传送的距离没有超过 180 米。贝尔认为这是他最为重要的发明,他始终坚信光电话的可能性。那时候,激光和光纤都还没有发明。贝尔的光电话实验虽然由于技术条件所限,到 1897 年中止了,但他不愧是现代光通信的先驱。

贝尔先后在华盛顿和加拿大新斯科舍省的巴德克湾各建造了一所实验室,进行他的各项发明实验。1880 年,法国政府因贝尔发明电话的成就,授予了他伏特奖(巨额奖金 5 万法郎)和法国荣誉勋位勋章。贝尔用此奖金在华盛顿建立了一座伏特实验室,开始了"光电话"的研究。

1887 年,贝尔用他的硬蜡留声机改进了爱迪生的留声机,使唱片能够录下更好的声音。留声机是爱迪生 1877 年发明的,这个"会说话的机器"当时轰动一时。爱迪生的早期录音机是用一个锡箔圆筒进行录音的,转动几次后锡

箔就会损坏。而贝尔的硬蜡圆筒却可以反复使用。

除此之外，贝尔在航空领域也是一位开拓者。也许因为发明电话的名气太大，许多人都不知道，贝尔还是一位卓越的飞机设计师。

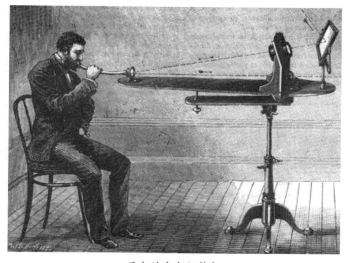

贝尔的光电话构想

除了参加一些重要的仪式，比如1892年芝加哥至纽约的第一次通话外，贝尔不大顾及电话的发展业务。巴德克湾的景色宜人，这里有个小镇叫伯戴克，贝尔很喜欢这个地方，它使贝尔想起了苏格兰。这里很适合避暑。贝尔因长期紧张的研究而疲惫的身心，在巴德克湾可以暂时得到休息。贝尔还养了很多马，其中他最喜欢的一匹名叫冠军。贝尔骑在马上，拍一下掌，冠军就载着他去实验室；拍两下掌，冠军就载着他回家。他很喜欢骑在马背上思考问题。

在小憩时，贝尔很喜欢看科幻小说。读了法国作家凡尔纳的《海底两万里》《气球上的五星期》，贝尔沉湎于幻想，开始考虑太空旅行和水下探险（后者导致他发明了潜水服）。

他儿时头脑里的幻想，这时又蠢蠢欲动，那就是飞上蓝天。

贝尔的兴趣转移到了风筝上，他利用风筝来学习空气动力学。有一段时间他相信人能够飞。贝尔有关飞行器的想法，和航空先驱者塞缪尔·兰利一致。每次贝尔到了华盛顿，他们两个人就会在一起研究模型，就他们的发现发表论文。

几乎在同一时间，莱特兄弟也在试制能载人的飞行器。1899年，莱特兄弟

贝尔设计的飞机"银镖"

模仿盒子的形状，造出了一只双层大风筝，但是不能载人。1902 年，莱特兄弟成功地进行了滑翔机试飞。在征服天空的尝试中，贝尔受到莱特兄弟的激励。1903 年，贝尔的梦想首次成为现实。他召集了 4

个有着同样激情的年轻工程师共同来研制飞行器，他们成立了航空实验协会。贝尔对安全很注重。他设计了一种三角形的大风筝，贝尔认为这是比较可行的办法。

　　研制小组试制的第一个载人飞行设备，是一个叫塞格尼特的大风筝。风筝刚腾空而起就坠落了，所幸人员没有受伤。工程师们向贝尔表示，他们会努力把飞机制作得更好。贝尔把他的想法画出来，设计小组再努力把他的想法变成现实。

　　他们设计的第一架飞机"红翅膀"，是以机身上的红丝绸而命名的。1908 年 3 月 12 日进行了试飞。当年莱特兄弟的飞机试飞是悄悄进行的，但贝尔邀请人们来看他们的第一次试飞。"红翅膀"在空中成功地飞行了 100 米。第二次试飞时，"红翅膀"坠落了。他们又造了一架"白翅膀"。这架飞机代表了贝尔对人类航空事业的贡

贝尔研制的 HD-4 型水翼艇在试运行(1919 年)

献。贝尔团队设计了第一个副翼,使飞机更加平稳。"白翅膀"飞到了海拔300米的高空,然后掉了下来。

1908年,贝尔团队设计的"六月飞虫"和"银镖"实验成功。这些飞机安有方向舵和三个滑翔轮,这是航空发展史上迈出的重要的一步。

贝尔倡导人人要对世界有更多的了解。1888年,贝尔成为国家地理学会的创始成员之一。他以实际行动拯救了他的岳父加德纳·哈伯德的出版物《国家地理杂志》。贝尔从财力上给予支持,并且聘用大

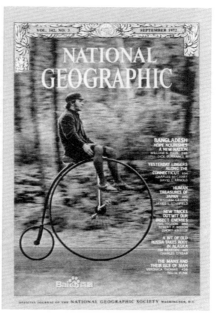

美国《国家地理杂志》封面

女儿埃尔西的丈夫吉尔伯特·格罗夫纳作为第一任编辑。贝尔意识到地理的重要性,他有一句广为传诵的名言:"地理是世界,一切尽在其中。"

在贝尔的支持下,美国国家地理协会不仅坚持了下来,而且成了第一个由杂志支持的国家社团,利润用来支持探险者。和文字相比,贝尔认为图片更重要。在贝尔的倡导下,《国家地理杂志》以刊登精美的图片为亮点,从而形成了该杂志独特的风格,尽管这与他女婿的意见相左。当时在菲律宾,许多妇女是裸露上身的。杂志上刊登了一些图片展示这些裸露上身的妇女。这种做法很大胆,但贝尔对此表示支持。他认为重要的是向人们展示真实的世界。100余年来,《国家地理杂志》保持了这一传统,长盛不衰。如今,《国家地理杂志》已经成为世界上广为人知的一本杂志,它融合了历史、文学、科学和人类学,评论家称它使地球更像是一个生动而有活力的村落。

值得一提的是,贝尔还于1882年创办了《科学》杂志,致力于科普宣传。贝

贝尔雕像

尔陆续为这份期刊投入 10 万美元。到 1900 年，美国科技进步协会将《科学》杂志确定为该协会的会刊。

直到晚年，贝尔发明创造的热情仍然不减。除了众多开创性的发明，他还研制了水翼艇，打破了水上航行速度的世界纪录。他还设计了最早的空调系统，甚至培育出一个高繁殖率的绵羊新品种。他将自己生命的最后几年，用于研制救生艇上配备的便携式海水淡化器。在他去世前几个月，他还参加了巴哈马群岛的水下探险。

1922 年 8 月 2 日，贝尔在华盛顿逝世，享年 75 岁。

在贝尔弥留之际，梅布尔一直守在他的身边。8 月 4 日，贝尔的葬礼在巴德克湾举行。当灵柩下葬时，美国和加拿大的全部电话系统中断一分钟，向贝尔致以最后的敬礼。几个月后，梅布尔也离开了人世，和贝尔葬在一起。

最后，让我用美国历史频道传记片《贝尔》的一段旁白，作为这本贝尔小传的结束语：

"贝尔的故事很多，我们几乎不能想象，如果没有他的发明，这个世界又会是怎么样的。贝尔的后代继续成功地发展着国家地理协会。在贝尔实验室，他超前的构想如今已发展为光纤通信，它贯通全球成了贝尔电话的一部分。"

人类创造的奇迹，往往连自己都感到惊讶。1875年,28岁的贝尔发明电话的时候,许多人都不敢相信这是事实。

　　"能听见远方的人讲话！真的吗？"

　　"我的天,这钢铁玩意儿竟会说话！"

　　然而也有一些有识之士,把目光投向了未来。他们想:"能不能发明一样东西,能看见远方讲话人的容貌呢？"

　　这一憧憬就是电视。

　　这是一个非常迷人的课题。一大批杰出的人才被吸引到这项工作中来。经过半个世纪的探索和努力,后来第一个获得成功的,竟是一个贫病交加的业余爱好者,他的名字叫约翰·贝尔德。

鸿鹄之志

少年的梦

shaoniandemeng

1888 年 8 月 13 日，贝尔德出生在苏格兰格拉斯哥郊区的一个牧师家庭。他出生的年代在电子科技史上是很有名的——这一年，德国科学家赫兹发现了电磁波，轰动了整个物理学界。

不过，贝尔德来到人间的情景，却带有一点悲剧色彩。他先天不足，生下不足 5 磅(1 磅相当于 0.45 千克)重，躺在襁褓里，像一只剥了皮的小兔子。接生的大夫断定他最多只能活一个星期。

牧师的家里人，从上到下，都对他失去了信心。可是，他却奇迹般地活了下来，后来又奇迹般地发明了电视。

贝尔德全名为约翰·洛吉·贝尔德，他是家里的第四个孩子，他有两个姐姐和一个哥哥。父亲名叫约翰·贝尔德，性情严肃古板。母亲杰西是位大家闺秀，对孩子们很慈爱，她的父亲是格拉斯哥一个富有的造船主。贝尔德的童年是郁郁寡欢的。他瘦小孱弱，经常生病，而父亲对他的管教却很严。从出世的那天起，似乎注定了他的未来充满了磨难和坎坷。

牧师不喜欢儿子，儿子却有自己的天地。小贝尔德富有幻想，好摆弄机械。在上小学时，他就对发明创造情有独钟。10 岁时，为了探究时针"走路"的秘密，他把家里的一座

贝尔德儿时照(在母亲左侧)

贝尔德的父亲(左)和母亲(右)

旧钟拆得七零八落,结果被父亲狠狠地揍了一顿。

这一年,贝尔德被送进拉斯菲尔德中学读书。贝尔德的拉丁文和希腊文成绩很不错,但他对物理学和数学更感兴趣。这所中学很重视体育,运动场上的优胜者是大家心中的偶像。孩子们争强好胜,就像一群好斗的小公鸡。每场比赛下来,"小公鸡"们都要用冷水冲凉,仿佛举行一场隆重的洗礼。

贝尔德虽然身体瘦弱,但也深受鼓舞,时常参加这个"落汤鸡"仪式,搞得他经常全身发抖、喷嚏不止。贝尔德在成名后接受一家报纸采访时,曾抱怨说:"我觉得妨碍我工作的多数疾病,都是因为学生时代洗了过多凉水澡所致。那些冰冷的水毁掉了我本来就很虚弱的身体。"

尽管身体并不强壮,贝尔德却很喜欢冒险,时常搞点惊人之举。12岁时,他和伙伴用帆布、木条做成一架滑翔机。两人大胆地爬上屋顶,拽着机身俯冲而下,结果飞机撞在草地上,贝尔德被摔得鼻青脸肿。

贝尔德很爱看书,他尤其喜欢读英国作家威尔斯的科幻小说,诸如1895年出版的《时间机器》、1897年出版的《隐身人》等。这些作品给少年贝尔德留下了深刻的印象,也对他产生了重大影响。到了中学高年级,贝尔德成了电子爱好者,他的创造才能更加显露出来。有一次,他和同学打赌,自己要制成一部电话机。当时电话刚刚步入人们的生活,还是很稀奇的东西。伙伴们都不相信,以为他在吹牛。半个月后,贝尔德果然把电话机装成了,材料是从废物堆里捡来的,样子自然不太雅观。大伙儿看见他捧出一个傻大粗笨的家伙,哄的一下笑了。贝尔德红着脸,把一个安有磁铁线包的罐头筒扣在一个伙伴的耳郭上,嘴对着另一个漏斗形的话筒,小声喊道:"听见了吗?我是发明家贝尔德!我是发明家贝尔德!"

那个伙伴果然听到了话音,脸上露出了惊喜之色。

大家一拥而上,都争着试听。后来,他们嫌房间太小,索性找来一长段电线架在房外,相隔几幢房子,叽里呱啦地通起话来,玩得十分开心。

电线架在街边的树上。过了几天,一阵大风把电线刮断了。恰好有一架装潢富丽的马车从树下驶过,电线落下缠住了马腿,车子斜撞在路灯柱上,车夫的脸都吓白了。马车里坐着一个满脸络腮胡的绅士,名叫赛布里,是个很有钱的绅士。他以为这是电话公司干的,就怒气冲冲地找到电话局,要求经理赔礼道歉。经理听他讲完,被弄得莫名其妙,因为电话局根本没在马车经过的街区架线。双方争执不下,于是派人前往出事地点调查,最后查出"罪魁祸首"原来是一个中学生。赛布里打量着贝尔德,还完全是个孩子:身材精瘦精瘦的,一双眸子很机灵,苍白的圆脸透着稚气。他非常惊讶,不但没有责备,反而从衣袋里掏出几个英镑作为电线的赔偿费。

"小家伙,将来准备干什么呀?"

"我想发明电视。"

"嗬!电视?祝你走运……"

马车消失在街道尽头,碎石路上留下一串得得得的马蹄声。包括这位绅士在内,当时一般人都不知道"电视"是什么玩意儿。"电视"只是一个神奇的幻想、一个美丽的梦。

★ 造福人类的战歌

zaofurenleidezhange

1906年，18岁的贝尔德中学毕业后，考进格拉斯哥皇家技术学院，学习电气工程。按照正常的学业，就读4年他就应该拿到电气工程的学历证书。可是贝尔德因为体弱多病，经常缺课，他断断续续读了8年才毕业。1914年，26岁的贝尔德终于拿到了电气工程的毕业证书，并获得电气工程学会会员资格。

之后，贝尔德又进入格拉斯哥大学就读，获得自然科学学士学位，毕业后到了一家公司的工厂上班。他起早摸黑，工作很努力，再加上懂电机，不久便当上了助理工程师。工作之余，他经常跑到图书馆，收集电学方面的各种资料，为实现少年时代的梦想作准备。小伙子聪明伶俐，待人诚恳，同事们都很喜欢他。意想不到的是，正当他刚刚踏上锦绣前程，却不幸大病了一场。他在家里躺了两个星期，待病愈去上班时，公司通知他被解雇了。这意外的打击使他很沮丧。

后来，贝尔德进了另一家电力公司。这时，第一次世界大战爆发了。贝尔德在一个朋友的怂恿下前去报名从军，幻想在战场上建功立业。可是招兵军官见他一副病怏怏的样子，没有要他。当将军的梦破灭了，贝尔德又重新回到电力公司。战争非常时期，供电紧张，工作异常繁重。贝尔德累得精疲力竭，后来又病倒了，他不得不回到格拉斯哥乡下休养。后来，病虽然好了，但他又失了业。

贝尔德不甘寂寞，心中充满了"电视"的梦想。为了谋生和筹集研制经费，他开始做生意。遗

青年贝尔德

憾的是，他是一个蹩脚的商人，厄运一直伴随着他。他卖过自己编织的袜子，推销过蜂蜜，还搞过一阵肥皂制造，可惜都以破产而告终。最不幸的是他的身体太糟了，几年间竟大病了五场。他的青春年华几乎有一半是在病床上消磨掉的。医生曾两次警告他必须绝对静养。事业、理想、功名，年轻人的勃勃雄心，都成了镜中之物。他躺在病床上，望着白色的天花板，心中充满了说不出的苦闷和惆怅。

格拉斯哥皇家技术学院

儿时的梦想在脑际萦绕着——

"我想发明电视！"

"嗬！电视？祝你走运……"

可是岁月蹉跎，一转眼他已经三十出头了。他想起一位大诗人所咏叹的诗歌，心中不禁百感丛生。

　　　　我要唱的歌，

　　　　直到今天还没有唱出。

　　　　每天我总在乐器上调理弦索。

　　　　时间还没有到来，

　　　　歌词也未曾填好；

　　　　只有愿望的痛苦在我心中。

　　　　……

在希冀中，1921年的春天来到了。贝尔德的身体有了好转。遵照医生的劝告，他到南方海滨城市黑斯廷斯居住了一段时间。那里气候温暖，空气湿润，有充足的阳光，对他恢复健康很有神益。一天，他在海滩上缓缓地散步，大海蓝得耀眼。忽然，一艘洁白的游艇从远方驶来，映着阳光，像一支银色的箭。

"马可尼的'伊莱特娜号'！"

有人喊了一声，海滩上的游客一齐欢呼起来。

一位学者风度的中年人站在船舷上，向观众频频挥手致意。他就是马可尼，闻名全球的无线电发明家！这艘游艇是他的浮动实验室。贝尔德出神地望着桅杆上纵横交错的天线，仿佛看见了电波正从这里传到全世界。在这一刹那，他的理想之火被重新点燃了。既然马可尼能够远距离发射和接收无线电波，那么发射图像也应该是可能的。

马可尼（中）在"伊莱特娜号"游艇上

"马可尼原来也是个业余爱好者，他能成功，我为什么不能？"他暗暗发誓要把电视研究出来，为无线电的"空中王国"增添一颗最绚丽的明珠。

第二天，贝尔德离开了疗养胜地，怀着一种神圣的使命赶到了伦敦。他的生命从此揭开了新的一页。几个月后，他终于调好弦索，高声唱起那支没有唱出的歌……

这是一支追求科学、造福人类的战歌。

☆ 前人的脚印
qianrendejiaoyin

发明电视比起发明电话来,要复杂和艰巨得多。因为电话传递的是语言,仅仅是声波的震动;电视传递的却是瞬息万变的图像,是微妙的光影变化,信息量起码高出一个数量级。

在贝尔德还没有出生时,就有人在探寻发明电视的途径了。他们进行了许多开拓性的研究。研究遇到的最大困难,是如何把景物图像分成许多像素,再将这些像素逐一转换成电信号。他们绞尽脑汁,也没有找到可行的办法,研究因此搁浅了。

1873 年,学者们发现硒有一种特殊的光电阻性。这一重要发现,给研究电视带来了曙光。

硒元素是瑞典化学家贝采里乌斯 1817 年发现的,起初只被用来制造玫瑰色玻璃。过了五年,人们才发现它有特殊的性能:在黑暗中硒不导电,一旦有光照则导电,而且光照越强,电流越大。聪明的研究者立即意识到,可不可以利用硒的这种特性实现光(像素)电的转换呢?两年之后,一位名叫卡锐的科学家提出用硒片传送图像的设想。他认为,一幅照片可以看作许多亮点与阴影的组合,如果用一束光射到照片上,并移动光束扫遍照片的各个部位,照片的明暗变化反射到靠近照片的硒感光片上,就变成了强弱不同的电流信号!有两个发明家根据他的设想,后来用 64 个硒电池制成一个方格盘,作为感光片。他们用这种方格盘,实验性地发送了简单的固定画面。发明家们受到了极大的鼓舞,仿佛胜利已经不远了。

事实上,问题远不是这么简单。电视必须在每秒钟里传递几十个连续的动

保罗·尼普考

作。卡锐方案只能传送固定的画面，而且图像也很模糊（仅有 64 个像素）。还有一个最麻烦的问题是，这套装置收发之间要连接 64 根导线，若要增加像素，连线数目也必须相应增加，这实际上很难实现。研究又陷入了"山重水复"的境地，徘徊了将近十年。

1884 年，德国青年工程师保罗·尼普考想出了一个巧妙的方法。他提出不必同时传送全部像素，而可以依次"扫描"画面，逐一地发送像素，这样收发之间只用一根导线就行了。为了实现自己的设想，尼普考发明了一种扫描盘，后人称"尼普考圆盘"。这种圆盘上面钻了一圈排列成螺旋形的小孔。图像反射的光线透过小孔，照到光电转换器上，变成电流。扫描盘旋转时，图像画面就被分解成许多像素，依照顺序转换成电信号，接收端用一个同步旋转的圆盘接收器，就能把图像重现出来。尼普考的装置实际上就是最早的电视机雏形，只不过它很原始。

1884 年尼普考申请"尼普考圆盘"专利时，年仅 24 岁。由于受当时技术条件的限制，尼普考制作出来的样机比较粗笨，图像传送的效果很差。虽然离实用还有遥远的距离，但它被公认为解决电视机械扫描问题的经典方法，在电视发展史上占有重要的地位。

之后二十年间，尽管各国都在秘密地进行实验，但均没有突破性进展，电视研究工作停滞不前。尼普考未能完成自己的大业就离开了人世。他的装置最终也没有走出实验室。

贝尔德详细地研究了前人走过的路，决定在尼普考发明的基础上，开始自己的实验。

KEXUE JUREN DE GUSHI

奋斗与成功

鸡窝里的金凤凰
jiwolidejinfenghuang

贝尔德来到伦敦，在一家小店的二楼租了一间小屋。房间很狭窄，窗户很小，透过窗户只能望见一小块蓝天。贝尔德节衣缩食，在这间小屋里苦战了几个寒暑。他没有固定的职业，收入菲薄，买不起昂贵的器材。他的实验设备非常简陋：机座是一个废旧的茶叶箱，投射灯装在一个空饼干筒里，透光镜是只值几便士的便宜货，扫描盘则是用马粪纸剪制的……就用这些处理品和代用品，贝尔德竟然组装出了世界上第一台机械扫描电视机。

1924 年秋天，他获得了初步的成果。第一次传送的图像，是一朵十字花图案。电视摄像机和接收机相距只有 1 米多远，中间用一根导线相连。收发两端的扫描盘用电动机带动，并保持同步运行。虽然复现的影像很模糊，忽隐忽现，但大体可以辨别出花瓣的轮廓。

贝尔德非常兴奋，他跑到一家报社，邀请记者去参观他的样机。

"先生，我发明了电视！你们能来现场采访吗？"他手提着帽子，怯生生地问。

一位油光满面的编辑抬起头来，从头到脚打量着贝尔德。他见来人穿着裂口的皮鞋，衣服又脏又破，一副苍白的面孔，眼睛里闪烁着梦一般的光泽，心想这准是一个狂人。

"嗯！电视？本报不刊登天方夜谭。"

"我真的发明了电视！可以传送十字花图案。"贝尔德解释道。

"哈哈，十字花！为什么你不能传送一张活人的脸呢？"编辑挖苦道。编辑室里的人顿时哄然大笑。

贝尔德快快地走出报社，刚下台阶，忽然听见背后有人叫道："先生，请等等！"

他回头看见一个年轻记者从后面追上来，步履矫健，脸上透着红光。

"我叫威尔斯，新闻见习生，可以去瞧

贝尔德在做实验

瞧你的发明吗？"他刚才一直待在编辑室里，对贝尔德的话产生了兴趣。

"当然欢迎！"贝尔德喜出望外。

在那间只能望见一小块蓝天的小屋里，见习记者观看了贝尔德的表演。实验设备的简陋和实验的成功都令他非常惊讶。威尔斯为发明家的精神所感动，特地写了一篇现场目睹记，宣称"贝尔德先生发明的机械扫描式电视摄像机和接收机，首次在相距 4 英尺（相当于 1.2 米）远的地方传送了一个十字花影像，宣告了世界首台电视机的诞生"。见习记者写道："贝尔德先生的电视机全是用废料制成的，光学器材是自行车灯的透镜，机座是旧茶叶箱，整个装置用碎木块、织布针和密封蜡固定在一起，电线则是乱糟糟的蜘蛛网般的东西……最大的奇迹在于：他用这些质量粗劣的材料，搞出了当代最新的发明！我只能说，我在一个鸡窝里看见了金凤凰。我断言，总有一天，这只金凤凰会飞出鸡窝，一鸣惊人……"

这篇报道在报纸上登载后，引起了各界的注意。这对贝尔德的鼓励很大，他的工作总算有人承认了。他开始着手改进实验。可就在这关键的时候，他的

钱全部用光了,连吃饭都成了问题。

冬天来了,贝尔德还穿着夏天的单衣,他缩着单薄的身子,在伦敦的街头徘徊,冻得瑟瑟发抖。为了使实验继续进行下去,他拜访了好多时尚名流,但这些大人物都不愿意资助他。因为当时对电视能否成功,几乎没有人关心。最后,贝尔德只好采纳威尔斯的建议,去向科学博物馆求助。博物馆答应给他一小笔款项,条件是把他现在的样机赠送给博物馆。贝尔德接受了这个条件,忍痛将第一套样机送给了博物馆。用这笔钱,贝尔德付清了房租,购买了食品和实验器材,满怀希望地开始了新的跋涉。

发明的道路总是不平坦的。几个月过去了,实验并未达到预期的效果,而博物馆资助的钱却花光了,贝尔德又陷入山穷水尽的地步。苦闷的时候,他常常独自伫立在博物馆展厅里,看着自己当初用饼干筒制成的样机,不禁落下泪来。

他心里默默地念叨:"这是我几年心血的结晶,我的理想,我的梦,也是我的希望和生命啊!"

在最困难的时候,苏格兰家乡的两位堂兄获知他的困境,特地寄来了500英镑作为入股的资金。这使贝尔德绝处逢生,他注册了一家小规模的电视有限公司,继续进行电视机的实验。

☆ 一张活生生的脸
yizhanghuoshengshengdelian

贝尔德夜以继日地做实验。不大的房间里挂满了木偶,原来是他请不起助手,只能用木偶作摄像的模特儿。经过无数次失败之后,贝尔德终于用电信号将一个木偶的形象显现在屏幕上。成功就在眼前。

转眼间已是 1925 年。一个和煦的春日,有位客人叩门来探望他。贝尔德打开门,看见来人满脸络腮胡,觉得面熟。对方也眯缝着眼打量他,忽然爽朗地笑起来,大声地说:"原来是你呀! 发明家。"

"哦,您是马车上的那位先生!"

贝尔德也认出对方就是当年马车上的赛布里先生。赛布里在伦敦开有几家商号。他听说有个穷困潦倒的发明家在这间小屋里搞电视,不知为什么,他的脑子里总闪现出一个少年的影子,于是特地登门来瞧瞧。不曾想,发明家果然是当年口出豪言的少年。

看到贝尔德的处境,赛布里慷慨表示,可以在他的大商店里为贝尔德组织一次公开表演,经费全部由他来提供。

展出取得了很好的宣传效果。电视机摆在商店大厅的一角,围观者络绎不绝。发送对象是一个叫"比尔"的大鼻子玩具木偶,造型很滑稽,为表演增添了许多喜剧色彩。虽然重现的图像有些摇晃颤动,但是木偶那球形的大鼻子却很醒目,引起了观众极大的好奇心。附近的居民闻讯前来观看,商店的营业额也因此增加了一倍。

贝尔德的名声传开了,电视渐渐得到了公众的重视。贝尔德继续改进器械,工作进展得很顺利。命运之神开始向他露出微笑。

1925 年 10 月 2 日清晨,贝尔德把一种新型光电转换器装在机器上,接通电源,扫描盘快速转动起来,他意外地发现玩偶"比尔"的图像比往常逼真得多。贝尔德又惊又喜,耳畔蓦地响起那个编辑讽刺的话:"为什么不传送一张活人的脸呢?"现在该是用事实来回答的时候了!

他推开房门,飞快地冲下楼,一把抓住楼下杂货店里的一个学徒。

"对不起,请你帮帮我的忙!"

那个小伙计只有 15 岁，名叫威廉·特尹敦，被贝尔德莫名其妙地拽上了楼，不知道究竟发生了什么事。贝尔德叫他端坐在一张椅子上，面对着摄像透光镜，然后调好了灯光。

"好，瞧着这边，千万别晃脑袋！"

贝尔德叮嘱完毕，急忙跑到安放接收机的另一个房间。可是摆弄了半天，屏幕上连半点人影都没有！

"怎么回事？"

他把接收机各个部分都检查了一遍，运转都很正常。他急匆匆地跑回发射室一看，大吃一惊。原来那个小伙计受不了强光的照射，把椅子挪到屋角，正坐在那儿打瞌睡呢！

贝尔德这才想起刚才太兴奋了，忘了给小伙计交代注意事项。他扶起打瞌睡的威廉·特尹敦，拖过椅子，赔着笑脸连求带哄地说："小老弟，暂时忍耐一下，乖乖坐在这儿，只要两分钟！"

首次显像的人脸

威廉·特尹敦坐在灯前，摆好姿势。

贝尔德急不可待地奔回接收室。

几秒钟后，在闪烁的屏幕上映现出一张年轻人的面孔：皮球脸，翘鼻头，嘴唇咧开着，还在笑呢。

"呵，是小伙计！一张活生生的脸！"贝尔德激动得跳了起来。人类第一次在屏幕上看见了自己的形象。这是贝尔德一生中最难忘的时刻。经过数年不辞劳苦的攀登，他终于实现了自己的梦想。

贝尔德对机器性能作了进一步改善。

三个月后，他在英国伦敦皇家学会展示了自己的发明，并当场作了表演。40位皇家学会的专家亲临表演现场观看。接收机摆在大厅里，贝尔德在厅侧一间小屋里播送电视，中间用导线相连，一位很有威望的老学者自告奋勇当模特儿。他坐在一张沙发上，对着摄像镜头神态自若。不一会儿，接收机屏幕上出现了他抽烟和招手的画面，大厅里爆发出一片掌声和喝彩声。这一天是1926年1月27日。后来，国际上公认这是世界上第一次正式播放电视的日子。

经过几年艰苦卓绝的努力，贝尔德终于实现了许多专家学者都未能实现的梦想。一个贫病交加的业余爱好者，凭着他的勇气、才智和实干精神，终于登上了科学发明的高峰。

鸡窝里真的飞出了金凤凰！

时代跨过了他
shidaikua guoleta

时代在大步地前进，贝尔德的发明很快得到了社会的承认。不久，有影响的英国广播公司BBC邀请贝尔德作了表演，对他的发明给予很高的评价，并探讨了在全国进行电视广播的可能性。

1928年，贝尔德电视公司生产出首台面向消费者的

贝尔德和他发明的电视机

商用电视机。

同年 2 月 8 日,贝尔德利用马可尼发明的无线电,成功地把电视图像从伦敦传送到纽约。美国公众在屏幕上看到了伦敦传来的电视图像,成为轰动一时

首台商用电视机(1928 年)　　　　早期的贝尔德电视机(1930 年)

的新闻。同年,英国广播公司第一次向全国播送 BBC 电视节目。这是世界上最早的电视广播,采用的是贝尔德的机械扫描式电视,图像分辨率是 30 行线。

1930 年,电视配上了音响,英国广播公司播放了世界上第一部电视剧。

1931 年春,伦敦的观众坐在电视机前,观看了远在外地举行的赛马会实况转播。也是在这一年,英国广播公司正式向全国播送电视节目。其他国家也相继开始了实验性电视广播。

正当贝尔德的事业到处开花结果时, 从美国传来了一种效果更佳的电视机问世的消息! 发明人采用了最新的电子器件——光电析像管。

电子扫描取代了机械扫描,笨重的机械圆盘被淘汰了。图像的清晰度一下从 30 行线提高到几百行线,并且每秒可映出 25 帧画面,其性能大大超过了机械扫描电视。这位发明人名叫楚留金,是俄罗斯一个航运商的儿子,比贝尔德小一岁，毕业于彼得堡技术学院。楚留金后来移民美国，在威斯汀豪斯公司从事阴极射线管研究。1925 年楚留金发明了电视摄像管，1931 年又发明了电视显像管。这两项发明奠定了现代电视技术的基础。美国无线电公司向楚留金提供了巨额资金支持，使新的电视系统投入使用。

另一位美国发明家法恩斯沃斯，采用最新发明的光电管及阴

手持电视显像管的楚留金

极射线管，于 1927 年成功地实现了用电子技术传送图像。1928 年，他发明了电子图像分解摄像机。1929 年，他成立了法恩斯沃斯电视股份有限公司。1937 年，他的电子电视系统成功地击败了贝尔德，使贝尔德的机械扫描电视装置被淘汰，从而确定了电子电视系统的垄断地位。直到这时，真正意义上的现代电视诞生了。

法恩斯沃斯和他的电视摄像机

这不啻是一场革命！它标志着电视的发展进入了一个新的阶段。

贝尔德的领先地位被动摇了。仅仅三五年间，全世界的机械扫描电视被新一代的产品所淘汰。作为电视的鼻祖，贝尔德受到

贝尔德纪念铜像

的冲击是巨大的,但是他并不感到沮丧。他认识到这是时代的步伐,是科学技术突飞猛进的标志。由尼普考发明,经他完善的机械扫描式电视,是人类的第一代电视。它完成了自己的使命,光荣地隐退了,但它在电视发展史上树起了一块里程碑。

贝尔德并没有止步,他重整旗鼓,继续向电视的新领域开拓。对于一个发明家来说,未来是没有止境的。1936 年,贝尔德试制了超大屏幕电视机,并开始研制第三代、第四代电视机——彩色电视和立体电视。可惜的是,由于希特勒发动的第二次世界大战,导致他最终壮志未酬。1940 年贝尔德正在进行首次彩色图像传送实验,一枚德国的 V-2 飞弹落在伦敦市区,炸毁了他的实验室,他的理想就这样被战火埋葬了。

1946 年 6 月 14 日,贝尔德因病不幸在英格兰贝克斯希尔去世,年仅 58 岁。他为人类的电视事业,献出了自己平凡而伟大的一生。

从此,电视开始风行全球,与人们的生活发生着越来越密切的关系。彩色电视、电话电视、卫星电视、电脑电视,以及数字电视、手机电视层出不穷,使人类进入了绚丽多彩的信息时代!如今,电视已成为普及率最高的家用电器之一,而电视新闻、电视娱乐、电视广告、电视教育等已形成了巨大的产业。电视作为一项伟大的发明,给人类带来了视觉革命。

贝尔德的老式电视机早已成了历史陈迹。但是他发明电视的故事,他的那种实干精神,那种锲而不舍的毅力,却永远激励着后人。

附:

莫尔斯生平简历

1791 年　4 月 27 日,莫尔斯出生于美国马萨诸塞州查尔斯顿一个书香门第。

1805 年　14 岁时,莫尔斯画了一幅出色的家庭聚会水彩画。

1806 年　进入耶鲁大学,学习宗教哲学和数学。他的学业完成得不错,但更迷
　　　　　恋于绘画。

1810 年　莫尔斯以优异的成绩从耶鲁大学毕业。

1811 年　20 岁的莫尔斯前往伦敦,拜在名师本杰明·韦斯特门下开始学画,成
　　　　　为令人瞩目的青年画家。

1815 年　24 岁的莫尔斯学成回到美国,开始了他的艺术家生涯。
　　　　　后迁居纽约,在那里建立了一所国立设计学院,并担任首任院长。

1829 年　莫尔斯再次到欧洲游学,和欧洲的艺术家们进行艺术交流。
　　　　　在巴黎期间,莫尔斯被选举为美国画家协会主席。这个荣誉职位他
　　　　　后来担任了多年。

1832 年　10 月,41 岁的莫尔斯搭乘"萨丽号"邮船返美,在船上被杰克逊的科
　　　　　普演说所打动,决定放弃绘画,开始发明电报。

1835 年　年底,莫尔斯造出第一台原型电报机。

1836 年　莫尔斯为了生计不得不重操旧业,接受了纽约大学的美术教授职位。
　　　　　7 月,拜访物理学家约瑟夫·亨利,得到指教。

1837 年　9 月,青年技师维尔加盟电报研究,成为莫尔斯的合作伙伴,并同意
　　　　　所有发明都以莫尔斯的名义申报专利。

莫尔斯提出莫尔斯电码的最初构想（用点和间隔的组合代表0—9的 10 个数字）。

年底,莫尔斯提出莫尔斯电码的新构想,用点、画、间隔表示 26 个英文字母和 10 个数字,这是电报发明的重大突破。

英国人惠斯通和库克发明了五针电磁式电报机。

1838 年 1 月,维尔完成了莫尔斯编码的具体方案。该方案规定了用特定的点画组合,来表示不同的英文字母、数字和标点符号,简便实用。

3 月,莫尔斯和合伙人签订了正式的电报合伙协议。

莫尔斯和维尔试制成功了传递莫尔斯电码的电报机。

1840 年 莫尔斯在美国专利局申请了电报发明专利,专利号为 1647。

1842 年 冬天,莫尔斯带着电报机到华盛顿,争取参议院拨款支持,但未能取得成功。

1843 年 2 月 23 日,美国参议院批准拨款 3 万美元的议案,在华盛顿至巴尔的摩之间建立一条实验性的电报线路。

1844 年 5 月 24 日, 莫尔斯在华盛顿向 64 千米外的巴尔的摩拍发了世界上的第一份电报:"上帝创造了何等的奇迹!"电报实验获得成功。

1850 年 11 月 13 日, 在英法之间的多佛尔海峡成功地铺设了一条最早的海底电缆。跨海通信获得成功。

1855 年 汤姆生提出了海底电缆通信理论。

1856 年 大西洋海底电缆公司在英国成立,汤姆生被聘为董事。

1857 年 在汤姆生主持下,开始铺设第一条大西洋海底电缆,结果却以沉放失败而告终。

1858 年 第二次铺设大西洋海底电缆获得成功,首次实现了欧美大陆长途有线通信。但在一个月后电缆发生故障,通信中断。

欧洲十国政府联合奖励莫尔斯一笔 40 万法郎的奖金，以感谢他的发明给世界带来的恩惠。

1865 年　汤姆生领导第三次铺设大西洋海底电缆，中途再次出现意外。

1866 年　汤姆生领导第四次铺设大西洋海底电缆，终于大功告成，建立起永久性的欧美长途电报通信。

1872 年　4 月 2 日，莫尔斯在纽约去世，享年 81 岁。

贝尔生平简历

1847 年　3 月 3 日，亚历山大·格雷厄姆·贝尔出生在苏格兰的爱丁堡。

1858 年　10 月，11 岁的贝尔进入爱丁堡皇家中学学习。

1862 年　10 月，贝尔到伦敦和祖父生活在一起，从祖父那里学到不少东西。

1863 年　8 月，16 岁的贝尔应聘到一所寄宿学校里教书。

1864 年　贝尔的父亲发明了一套可视语音系统。

1865 年　贝尔进入爱丁堡大学，学习语音学。

1867 年　20 岁的贝尔从爱丁堡大学毕业。

10 月，贝尔进入伦敦大学深造，继续攻读语音学。

贝尔的弟弟爱德华去世。

1868 年　8 月，贝尔的父亲去北美宣传他的可视语音系统。

1870 年　5 月，贝尔的哥哥梅尔维尔去世。

7 月 21 日，贝尔与父母一起迁居到加拿大。

1871 年　4 月 5 日，贝尔开始在波士顿聋哑学校任职。

1873 年　贝尔 26 岁时被聘为波士顿大学语音学教授。

15 岁的梅布尔成为贝尔的学生,贝尔开始给她上课,教她发音说话。

贝尔开始进行谐波电报的实验。

1874 年　9 月,贝尔开始构思电话。

1875 年　1 月,在哈伯德和桑德斯的资助下,贝尔雇用托马斯·沃森做助手。

3 月,贝尔拜见亨利,受到鼓励。

6 月 2 日,贝尔做谐波电报实验时,因拨弄"卡住的簧片"偶然得到重大发现。

世界上第一部电话原型机问世了。

1876 年　2 月 14 日,哈伯德代表贝尔向美国专利局呈交电话专利申请。

3 月 7 日,贝尔的电话专利被批准,专利号为 174465。

3 月 10 日,贝尔通过电话机传送出世界上第一条电话信息:"沃森先生,快过来,我需要你!"

6 月 25 日,贝尔在费城博览会上演示了他的电话,获得成功。

1877 年　2 月 12 日,贝尔在塞勒姆作长距离电话展示,吸引了新闻界的关注。

7 月 9 日,贝尔电话公司成立。

7 月 11 日,贝尔与梅布尔喜结良缘。

1878 年　5 月 8 日,贝尔与梅布尔的第一个女儿出生,取名埃尔西。

1879 年　贝尔在苏格兰的格里诺克建立了一所聋人学校。

1880 年　2 月 15 日,贝尔与梅布尔的第二个女儿玛丽安出生。

9 月,法国政府因贝尔发明电话的成就授予了他伏特奖和法国荣誉勋位勋章。贝尔用此奖金在华盛顿建立了伏特实验室,提出通过光线来传递声音的"光电话"构想。

1881 年　儿子爱德华出生,但不幸夭折。

发表了光电话论文《用光线进行声音的产生和复制》。

1883 年　贝尔在华盛顿开办了一家聋人学校。

　　　　儿子罗伯特出生,但不幸夭折。

1885 年　11 月,华盛顿聋人学校由于师资问题被迫关闭。

1886 年　贝尔在新斯科舍省巴德克湾购置了一处度假别墅,并在那儿建了一
　　　　所实验室。

1887 年　贝尔用硬蜡留声机改进了爱迪生的留声机。

1888 年　成为美国国家地理学会的创始成员之一。

1890 年　发起成立了美国聋人语音教育促进协会,并当选为第一任会长。

1892 年　10 月 18 日,实现了纽约和芝加哥之间的长途电话通话。

1898 年　贝尔当选为全国地理协会会长和史密森学会董事。

1908 年　贝尔开始研制水翼艇。

　　　　贝尔和同事因载人飞行超过 1 千米成功而获奖。

1911 年　研制出一艘水翼艇,打破了水上航行速度的世界纪录。

1915 年　1 月 25 日,贝尔建立了第一条横贯美洲大陆的电话线。

1922 年　8 月 2 日,贝尔在华盛顿逝世,享年 75 岁。

1923 年　1 月 3 日,梅布尔逝世。

贝尔德生平简历

1888 年　8 月 13 日,贝尔德出生在苏格兰格拉斯哥郊区的一个牧师家庭。

1898 年　10 岁时,贝尔德被送进拉斯菲尔德中学读书。

1906 年　中学毕业后,考进格拉斯哥皇家技术学院,学习电气工程。

1914 年　26 岁时,贝尔德毕业,拿到了电气工程的毕业证书。

1924 年 　贝尔德发明了机械扫描式电视,第一次成功地传送了十字花图案。
他注册了一家小规模的电视有限公司。

1925 年 10 月 2 日,贝尔德用机械扫描电视机传送了一张活生生的人脸。
俄裔美国发明家楚留金发明了电视摄像管。

1926 年 1 月 27 日,贝尔德在英国伦敦皇家学会展示了自己的发明。

1927 年 美国发明家法恩斯沃斯成功地实现了用电子技术传送图像。

1928 年 贝尔德电视公司生产出世界上首台面向消费者的商用电视机。
2 月 8 日,贝尔德利用马可尼发明的无线电,成功地把电视图像从伦
敦传送到纽约。
英国广播公司第一次向全国播放 BBC 电视节目,采用的是贝尔德
的 30 行线机械扫描电视,这是世界上最早的电视广播。
法恩斯沃斯发明了电子图像分解摄像机。

1930 年 电视配上了音响,英国广播公司播放了世界上第一部电视剧。

1931 年 英国广播公司采用贝尔德机电式电视,正式向全国播送电视节目。
楚留金发明了电视显像管。电视摄像管和显像管这两项发明,奠定
了现代电视技术的基础。

1936 年 英国广播公司的电视广播,第一次播出了步入实用阶段的电视图像。
贝尔德试制超大屏幕电视机,并开始研制第三代、第四代电视
机——彩色电视和立体电视。

1937 年 法恩斯沃斯的电子电视系统取代了贝尔德的机械扫描电视装置,从
而确定了电子电视系统的垄断地位。

1939 年 美国无线电公司开始播送全电子式电视。

1946 年 6 月 14 日,贝尔德因病在英格兰贝克斯希尔去世,年仅 58 岁。